1日500円の小さな習慣

「隠れ貧乏」から「貯蓄体質」へ大変身！

横山光昭

GENTOSHA

まえがき

「毎朝コーヒーを買って出社」は〝お金の失敗〟の始まりだった！

「ブランド品を買い漁っているわけでもないのに、お金が全然貯まらない」

「まじめに働いているし、収入もきちんとあるのに、なぜかいつもカツカツ……」

「大きな借金があるわけでもないのに、毎月赤字になるのはなぜ!?」

私のところに家計相談にお見えになる方々から、よくそんな声を聞きます。

お金が足りなかったり、お金が貯まらなかったりする人は、大なり小なり

「お金の失敗」をしている人です。

お金の失敗というと、株やギャンブルで大損したり、消費者金融をはしごして借金をしまくったり……といった悲惨なイメージを抱く人が多いかもしれません。

しかし、そんな浪費型の生き方とは無縁の、ごく普通のまじめな人でも、実は知らずに「小さなお金の失敗」をしています。

ただ、自分では失敗しているなんてさらさら思っていないので、日々小さなお金の失敗を平気で繰り返しているのです。

「毎朝コーヒーショップでラテを買って出社する」
「午後はいつもエナジードリンクを飲んでガツンと気合いを入れる」

たとえばこうした習慣に心当たりはないでしょうか？

これがクセになっている人は、**1年で10万円以上の出費**をしていることになります。

コーヒーショップのラテなら300円台、エナジードリンクなら200円ほどで、いずれも500円玉のワンコイン内で買えます。

しかし、仮に1日500円程度でも、それが習慣になっていたらどうでしょうか。

週5日で2500円、1カ月で1万円、1年で実に12万円の出費をしている計算になります。

もし、自宅でコーヒーや紅茶をつくってマイボトルを持ち歩くようにして、毎日の飲み物代を貯金していたなら、**5年間で60万円、10年間で120万円貯まっている**ことになります。

こうした1回のコストが低いために、ついつい使ってしまうお金は、俗に**「ラテ・マネー」**といわれています。

ラテを飲むことそのものが悪いわけではありませんが、懐の痛まない小銭でも、チリも積もれば無視できない金額に膨れ上がります。

「500円ぐらい、まぁいいか」

その思考や習慣が、貯金に失敗する大きな要因になっているのです。

ぜいたくもしていないのにお金が貯まらないのは、穴の空いたバケツのように、家計のどこかに自分では気付いていない穴が空いている証拠です。

穴があればいくら一生懸命に稼いでも、いくらがんばって投資しても、そこからお金がチョロチョロ流れ出ていくので、一向に貯まりません。

穴空きバケツのような「お金が貯まらない失敗体質」から、「お金が貯まる成功体質」に変わるためには、まず家計を改めて見直すことが大前提です。

そのうえで、「どこに穴があるのか？」「穴の原因はなんなのか？」「どうやって穴をふさぐか？」を見極める必要があります。

この本は、実際に家計相談に来られる方々の事例をもとに、読者のみなさんが、「あっ、私もやっているかも！」「まさか、これがお金の貯まらない原因だったとは……!!」と、知らずにうっかりやってしまっているお金の失敗に気付き、そこからプラス方向に転じるきっかけになることを願って書きました。

本書が、ひとりでも多くの方の家計破綻や老後破綻を未然に防ぎ、ピンチをチャンスに転じる一助になれば幸いです。

1日500円の小さな習慣

「隠れ貧乏」から「貯蓄体質」へ大変身！

CONTENTS

case study

2章 「お金が貯まらない人」が知らずにやっている16の悪い習慣

4章　貯めて増やす「攻め」のルール

あとがき
お金が貯まる人は「生き上手」

装幀／井上新八
編集協力／轡田早月
図版・DTP／美創

1章

「500円ぐらい、まぁいいか」が失敗の第一歩

10秒チェックですぐわかる「金持ち」体質と「貧乏」体質

最初に、あなたはお金が貯まる体質なのか、お金が貯まらない体質なのか、簡単な「チェック診断」をしてみましょう。

次の10の項目の中で、当てはまるものにチェックを入れてみてください。

- ☑ 今、自分の財布に入っている金額がわからない
- ☑ 家にモノが多い
- ☑ 夫婦で家計の話をほとんどしない
- ☑ 整理整頓はあまり得意ではない
- ☑ 自動販売機をよく利用する

☑ 特に用事がなくてもコンビニに立ち寄ることが多い
☑ 安売り商品をまとめ買いすることが多い
☑ クレジットカードやおサイフケータイをよく利用する
☑ カードはリボルビング払いやボーナス払いで支払うことが多い
☑ 若いときに生命保険に入って以来、一度も契約内容を見直していない

さて、チェックを入れた項目の合計はいくつでしたか？


5つ以上チェックの付いた人は、お金の貯まらない生活習慣がありそうです。自分でも気付かないうちに、お金の小さな失敗を重ねている可能性が高いです。

「えっ、どの項目も、今どきごく普通のことばかりでは？」

と思われるかもしれませんが、実は普段何気なく行っているこうした思考や習慣の中にこそ、お金が貯まらない失敗原因が潜んでいるのです。

「このぐらい普通にかかる」が命取り 日常を蝕《むしば》む〝メタボ家計〟のワナ

お金を貯められない人の家計には、知らず知らずのうちにお金をムダに失ってしまっている失敗ポイントがあります。

その顕著な要因のひとつが**「メタボ家計」**です。

メタボ家計とは、食費や日用品費、通信費、生命保険料、教育費など、どの費目にも漫然とぜい肉が付いていて、支出が全体的に高くなっている家計です。

「決してぜいたくなんてしていないですよ」

「ウチはごく普通の生活をしているのですけどね」

メタボ家計の人の多くは、口をそろえてこういいます。

しかし、この「普通」こそ曲者《くせもの》なのです。

「食費も日用品費も通信費も、このぐらいは普通に暮らしていればかかるでしょ」

「生命保険料や教育費にこのぐらいかけるのは今どき普通じゃないの」

収入がある人ほど、いろいろなものにお金をかける余裕があるので、どの費目もまんべんなく金額が高めになっていることが多々あります。

特定の費目の出費が突出して高くなっているわけではないので、一見すべてが普通に見えます。

けれど、この**「オール普通」こそが、もっと絞れるはずの費目に内臓脂肪がポッテリ付いたメタボ家計の典型**なのです。

たとえば、夫婦ふたり暮らしなら、日用品費（トイレットペーパーやティッシュペーパー、シャンプー、歯磨き粉、洗剤など。化粧品など美容系のアイテムは含まない）は、月に5000〜6000円が平均的な金額ですが、メタボ家計の人だと1万円以上かかっていることがよくあります。

「新しい香りの入浴剤を見つけたから買ってみよう」
「新製品のシャンプー、ちょっと試してみたいな」
「たかだか100円や200円の違いなら、肌ざわりのいいティッシュにしよう」

そんな軽い気持ちで、まだ十分残っているのに別の商品を買ってしまったり、数百円の違いだからといって気にせずに買いものをしたりするのは、オール普通家計の人にありがちなパターンです。

ひとつひとつは500円に満たないものであっても、それが支出の中にちょこちょこあると、平均値を少しずつ押し上げて、全体的にメタボ家計と化してしまうのです。

医療の世界では、内臓脂肪が過多になるメタボリックシンドロームは、生活習慣病を招く要因になるといわれています。

メタボ家計も積もり積もれば、家計を蝕んで破綻を招く大きな原因になります。

人は短期間で急にメタボ体型になるわけではなく、毎日少しずつ脂肪が溜まっていった結果、ベルトの穴がひとつゆるくなりふたつゆるくなり、気が付けばワンサイズ上の服が当たり前になって、いつしかメタボ体型が自分のスタンダードになってしまいます。

メタボ家計も、少しずつ財布のひもがゆるくなっていった結果、そうしたお金の使い方が当たり前になってしまうのです。

何ごともいったん「当たり前」になってしまうと、それを軌道修正するのが非常に難しくなります。

メタボ体型の人が、急にお腹をぎゅっと絞ってもベルトの穴をもとに戻せないように、メタボ家計もいきなりスリムにすることは困難です。

「甘いものはもう少し控えて」「お酒はほどほどに」などと、メタボ体型の人に周りがどんなに注意しても、悪しき生活習慣は自分自身で「変わらなきゃ」と思わなければ死ぬまで改善しません。

同じように、メタボ家計の人に、「食費はもっとムダを抑えられるはず」「保険料ももっと削れるはず」などと指摘しても、**本人が「もっと引き締めなきゃ」と思って実践しなければ、いつまで経ってもメタボ家計は改善せず、お金も一生貯められないまま**です。

「ごく普通に暮らしているつもり」なのに、貯金が全然できないとしたら、家計がメタボ化しているかもしれないサインです。

また、**お金の管理がゆるい人は健康管理もゆるい**ので、体型もゆるんでいることが多いといえます。

「このままではいけない」と自覚して、ゆるんだ状態を漫然と放置してしまわず、家計を見直しましょう。

「毎月、何にどのくらいお金を使っているのか?」
「クレジットカードでいくら使っているのか?」
「住宅ローンや残金はどのくらいあって、それぞれ金利や完済予定日はいつなのか?」

ざっくりでもいいので、支出状況や支払い予定を振り返り、お金の出入りを把握することが、メタボ家計の失敗から脱却する早道です。

いきなり支出額をガツンと落とすのは至難の業なので、少しずつムダな支出を見直して削ぎ落としていくことで、メタボ家計を徐々にスリム化していくことができます。

年収1000万円でも貯金ゼロ、年収300万円でもがっつり貯金できるわけ

「目指せ、憧れの年収1000万円！」

よく雑誌などでそんな見出しが躍っていることがありますよね。

しかし、収入が1000万円ある夫婦でも、何にでも漫然とお金をかけているメタボ家計の人は、貯金ゼロということが珍しくありません。

「年収1000万円あれば、自然とお金が貯まるもの」

そう勘違いしていると、簡単にメタボ家計に陥って、お金に余裕がなくなり、貯蓄もできません。年収が高いはずなのに、実質的には年収300万〜400万円の家庭とあまり変わらない、もしくはそれ以下の蓄えしかない場合もよくあります。

相談者の中には、年収300万円の家庭でも、お金をかけるべきものとそうでないものの優先順位をつけ、食費や教育費や生命保険料などを見直し、必要最低限の支出で家計がうまく回るように改善した結果、**1年で100万円の貯金に成功**した事例もあります。

貯金ができる人と貯金ができない人の差は、単純に収入の多寡で決まるわけではないのです。

収入にある程度余裕があると、切り詰めなくても生活に困るわけではないので、「このくらいかかるのは、普通でしょ」と、家計のぜい肉に鈍感になりがちです。

逆に収入に余裕がないと、今あるお金の中でうまくやりくりしないと生活が苦しくなるので、「これは本当に買う必要があるだろうか?」「これはムダな出費だから削ろう」と、常にお金の使い方に敏感になります。

お金の使い方に鈍感か敏感か——それが、**貯められる人と貯められない人の大きな差**になるのです。


「ちゃんと収入があるはずなのに、お金が全然貯まらない……」とお悩みの人は、自分にとっての「普通」をもっと客観的な目線で精査する必要があります。

自分の「普通」は、きゅっと引き締まったスリム家計の人から見ると、ブヨブヨにたるんだぜい肉であることが往々にしてありますから。

たとえば、相談者の中には、毎月の食費が10万円以上かかっていたり、ガス代が1万5000円かかっていたりしていても、「どこの家もこんなもんじゃないの」とスルーしてしまっているケースがよくあります。

「4人家族で食費が10万円以上というのは一般平均より高いですよ」

「5人家族でガス代が1万円超えというのはかなり高いですよ」


そんな風に他人に指摘されないと、メタボ家計の人は自分の感覚のズレになかなか気付けません。

まずは、自分の信じている「普通」を疑うことです。

自分の中の「普通」というフィルターを通してしか家計を見ないと、いつまで経ってもメタボ家計の「異常値」に気付くことができませんから。

特に、**高収入なのに貯金できないのは、家計になんらかの異常がある証拠**です。

自分の家の家計は普通ではなく異常だと気付くことが、貯められないスパイラルから脱出する第一歩になります。

お金が貯まらない家の9割は整理整頓ができていない

「気が付いたら、いつの間にか身の回りにモノが増えている」
「爪切りやハサミ、耳かきなどが家の中に何本もある」
「クローゼットの中がごちゃごちゃで、洋服を探すのに時間がかかる」
「冷蔵庫や戸棚の中がぎゅうぎゅうで、必要な食材がすぐに取り出せない」
「バッグの中身がいつもぐちゃぐちゃで、忘れものをすることが多い」

もしこうした状況に心当たりがあったら、日常的にお金の失敗を重ねている可能性が大きいです。

日用品や食材を管理できていないということは、家計も管理できていないからです。

モノが多くて散らかっていると、必要なときに使いたいモノがすぐに見当たらないので、似たようなモノをいくつも購入してしまいます。

モノだらけで雑然としている家には、中途半端に使いかけの消耗品がいくつもあったり、趣味で集めているわけでもないのによく似た道具があちこちに転がっていたりします。

冷蔵庫の中身や買い置きの食材も必要以上に買いすぎて、賞味期限が過ぎてしまったり、うっかり腐らせたりしてムダにしがちです。

モノをきちんと管理できず、身の回りが片付かないのは、「本当に必要なモノ」と「不要なモノ」の区別ができていない証拠です。

区別ができないのは、モノをただの物体としてしか見ていないからです。

モノとは、「お金が姿を変えた状態」です。「モノ＝お金」なのです。

もし、「モノ＝お金」という認識があれば、モノをあちこちに散らかして見失ったり、冷蔵庫の奥でうっかり腐らせたりしないはずです。

高額な家具や電化製品については、誰でも「モノ＝お金」という意識を持つことができるので、ダイニングテーブルや冷蔵庫をうっかり2台買ったりするようなことはありません。

しかし、単価がそれほど高くないモノに対しては、「モノ＝お金」という認識がなくなりがちです。

「500円ぐらい、まぁいいか」の感覚で、ワンコイン内で買えるようなモノは、ただの物体としか見ないクセが無意識のうちについているのです。

お金を貯めようと思うなら、まずこの思考のクセを直しましょう。

たとえ数百円のモノでも、自分の中に「モノ＝お金」という意識を徹底的に植え付けることが大切です。

もちろん、なんでもかんでもお金に換算して、ケチケチ打算的に考えなさいという意味ではありません。

ただ、「モノ＝お金」であることを常に意識していると、自ずと「もっとモノを大切にしよう」と思うようになります。

モノを大切に思えば思うほど、それほど必要のないモノを安易に買わなくなるので、浪費がなくなり、その分を貯金に回せるようになります。

さらに、そうした意識を常に持っていると、モノの浪費が抑制されるだけでなく、水道光熱費や通信費などほかのムダ遣いについても引き締め意識が働くようになり、家計全体の引き締めにも波及効果があります。

夫婦共働き「二馬力」でも、貯金できないのはなぜ？

「結婚して明らかに収入が増えたはずなのに、貯金が全然できない」

そんな共働き夫婦が実は大勢います。

一般に、夫婦共働きで二馬力になると、世帯の収入が独身時代の収入よりも明らかに増えます。

それまでひとりで支払っていた住居費や光熱費などもふたりで分担できるので、多くの人は「今までよりお金に余裕ができる」と考えがちです。

「独身時代よりもちょっといい車に乗れたり、いい家に住めたりするかな」

「浮いたお金で、外食したり旅行したり、今までよりぜいたくができるな」

そんな風に、二馬力になったからと浮かれて消費枠を漫然と広げてしまう思考は、お金の失敗を招く落とし穴です。

お金が増えても、増えた分だけ使えば、お金はまったく残りません。

もし、うっかり気が大きくなって高額のローンを組んだりしようものなら、どんなに二馬力で世帯年収が上がっても、なかなか貯金ができません。

「二馬力になったから安心」と思っていても、奥さんの出産や育児で一馬力に戻ってしまうこともあります。

一馬力に戻ると、二馬力ベースで膨らんでいた生活費や住宅ローンなどの支払いが、とたんに家計に重くのしかかってきます。

産休・育休中に給料が出ず、社会保険や雇用保険から手当てが出ても、給料より金額は下がります。

あるご夫婦は、夫の月収が35万円、妻の月収が15万円の合計50万円で家計をやりくりしていたのですが、3人の子どもが立て続けに生まれ、奥さんの職場復帰までに予想外に時間がかかってしまいました。

家族は増えたのに一馬力になり、家計は妻の月収の15万円分がマイナスになり、それに伴って支出も15万円削らざるを得なくなりました。

しかし、急に15万円も切り詰めるのは不可能なので、このご夫婦はなけなしの300万円の貯金を切り崩して急場をしのいでいました。

貯金があっただけまだよかったのですが、毎月家計のために貯金から15万円を使ってしまうと、1年で180万円目減りしてしまい、2年以内に貯金が底をついてしまうことになります。

「貯金は子どもの将来の教育資金に回すために残しておきたい」と考えた奥さんが、職場復帰を早めて二馬力に戻ることで、この夫婦は大切な貯金を食いつぶしてしまう危機をなんとか脱しました。

別のケースでは、50代後半の会社員の夫と、パート勤めの妻の二馬力でやりくりしていたのですが、夫が病気になって退職。再就職したものの、収入が以前よりも20万円も減ってしまいました。

しかも娘の大学進学も控えており、学費やひとり暮らしのための仕送り金を捻出するために、家計をかなり切り詰めざるを得なくなってしまったのです。

このように、二馬力の生活で今は安定していても、将来、病気や事故、ケガやリストラ、離婚など、さまざまな不測の事態が起きて、思わぬところでハシゴを外されてしまうリスクがたくさん潜んでいます。

そうしたリスクに無頓着なまま、二馬力の収入がずっと続くと思って、多額の住宅ローンを組んだり、ムダな出費を重ねたりしていると、二馬力が保てなくなったときに、予想外の収入減や支出増で家計が立ち行かなくなってしまうこともあります。

二馬力が永遠に続くと思ってはいけません。

二馬力になったときこそ、余裕ができた分を漫然と浪費せず、給料やボーナスをしっかり貯金に回す習慣をつけることです。

また、奥さんが専業主婦の一馬力の家庭でも、不測の事態で急にゼロ馬力になってしまう絶体絶命の危機に陥らないように、たとえフルタイムでなくとも、二馬力で収入を増やすことをおすすめします。

1500万円貯金があっても老後破綻のリアル

「ある程度まとまった貯金と退職金があれば老後は安泰だろう」

そう信じている人も多いと思います。

しかし、果たして本当にそうでしょうか？

ある家族の25年間のライフプランのシミュレーションを算出したので、見ていきましょう。

A家は、夫が40歳、妻が38歳、子どもが2歳と0歳の4人家族です。

年収は750万円以上で、一般家庭よりも高収入です。しかも、**貯金は既に1500万円**もあるので、なかなか恵まれた条件の家庭といえます。

余裕しゃくしゃくのAさん夫妻は、頭金500万円を入れてマンションを購入し、年間157万円ほどを返済する住宅ローンを25年間で組み、支払いを始めました。

ライフステージに合わせて支出は年々変化しますが、生活費は年間400万~500万円以上とメタボ家計ぎみです。

ふたりの子どもの成長に応じて、教育費もどんどん上がり、中学から私立に入れると、下の子が大学に進学するころには283万円にまで増えます。

一方、夫が55歳になると、役職手当がなくなります。昇給を重ねて手取り800万円ほどに上がった年収も、55歳を境に640万円までガクンと減ります。

これらの収支を2017年から順を追って見ていくと、1500万円あった貯金が徐々に目減りし、**16年後の2033年には、とうとう家計の貯蓄残高が赤字**に転じてしまいます。

そのとき、夫はまだ定年前の56歳。子どもたちは18歳と16歳で、これから大学の入学金や授業料など教育費が最もかかるときがやってきます。

夫が60歳の定年を迎える4年後には、退職金が1400万円入って、一時的に収支がわずかに黒字に戻りますが、なんと翌年には再び赤字に転じます。

このように、アラフォーのときから年収も貯金も十分にあるように見えたAさん一家も、わずか20年前後で赤字家計に転落し、老後破綻してしまうのです。

今は大手企業でも経営難からリストラや減給、ボーナスのカット、退職金ゼロといったことが珍しくない時代ですから、退職金だって必ず出る保証はありません。

日本人の平均寿命は、男性が80・98歳、女性が87・14歳（厚生労働省2

016年統計より）と、年々高齢化しています。

60歳を前にして赤字家計に転じたAさん夫妻は、そこから20年以上、年金だけで老後をサバイバルしていかなければなりません。

シニアになってから生活レベルを落とすのは非常に大変なので、そうなる前に、老後も見越した収支の具体的なシミュレーションをしましょう。

働き盛りのときは、給料も上り調子なので、収支もつい楽観的に考えてしまいがちです。

しかし、そのまま10年も20年もすべてがトントン拍子に行くという保証はどこにもありません。

「自分の場合はどの費目をどのくらい削るべきか」

「老後のために貯金は最低でもどのくらいする必要があるのか」

さまざまなリスクを考慮したうえで、そういったことを具体的に算出し、それを指標にして家計改善を図りましょう。

2017～2029年

2022年	2023年	2024年	2025年	2026年	2027年	2028年	2029年
5年後	6年後	7年後	8年後	9年後	10年後	11年後	12年後
45歳	46歳	47歳	48歳	49歳	50歳	51歳	52歳
43歳	44歳	45歳	46歳	47歳	48歳	49歳	50歳
7歳	8歳	9歳	10歳	11歳	12歳	13歳	14歳
5歳	6歳	7歳	8歳	9歳	10歳	11歳	12歳
¥500,000	¥500,000	¥500,000	¥500,000	¥500,000	¥500,000	¥500,000	¥500,000

¥7,689,384	¥7,727,831	¥7,766,470	¥7,805,303	¥7,844,329	¥7,883,551	¥7,922,969	¥7,962,584
¥0	¥0	¥0	¥0	¥0	¥0	¥0	¥0
¥120,000	¥120,000	¥120,000	¥120,000	¥120,000	¥120,000	¥120,000	¥120,000
¥7,809,384	**¥7,847,831**	**¥7,886,470**	**¥7,925,303**	**¥7,964,329**	**¥8,003,551**	**¥8,042,969**	**¥8,082,584**

¥5,246,000	¥5,298,460	¥5,351,445	¥5,404,959	¥5,459,009	¥5,513,599	¥5,568,735	¥5,624,422
¥1,570,000	¥1,570,000	¥1,570,000	¥1,570,000	¥1,570,000	¥1,570,000	¥1,570,000	¥1,570,000
¥0	¥0	¥0	¥0	¥0	¥0	¥0	¥0
¥824,282	¥832,524	¥840,850	¥849,258	¥857,751	¥866,328	¥1,674,992	¥1,691,741
¥0	¥0	¥0	¥0	¥0	¥0	¥0	¥0
¥0	¥0	¥0	¥0	¥0	¥0	¥0	¥0
¥0	¥0	¥0	¥0	¥0	¥0	¥0	¥0
¥0	¥0	¥0	¥0	¥0	¥0	¥0	¥0
¥500,000	¥500,000	¥500,000	¥500,000	¥500,000	¥500,000	¥500,000	¥500,000
¥8,140,282	**¥8,200,984**	**¥8,262,294**	**¥8,324,217**	**¥8,386,759**	**¥8,449,927**	**¥9,313,726**	**¥9,386,164**

▲¥330,897	▲¥353,153	▲¥375,824	▲¥398,914	▲¥422,430	▲¥446,376	▲¥1,270,757	▲¥1,303,580
¥13,015,112	**¥12,727,035**	**¥12,414,846**	**¥12,078,006**	**¥11,715,966**	**¥11,328,170**	**¥10,114,053**	**¥8,861,043**

この図表は物価上昇率、教育費の上昇率は1%と仮定して、簡易的にシミュレーションしたものです。

A家のライフプランシート

西暦	2017年	2018年	2019年	2020年	2021年
		1年後	2年後	3年後	4年後
夫	40歳	41歳	42歳	43歳	44歳
妻	38歳	39歳	40歳	41歳	42歳
子ども	2歳	3歳	4歳	5歳	6歳
子ども	0歳	1歳	2歳	3歳	4歳
子ども					
住宅頭金	¥5,000,000				
支出予定金額					
イレギュラー支出					
支出予定金額		¥500,000	¥500,000	¥500,000	¥500,000

	上昇率					
給与の手取り収入(夫)	0.50%	¥7,500,000	¥7,537,500	¥7,575,188	¥7,613,063	¥7,651,129
収入(妻)			¥0	¥0	¥0	¥0
一時的な収入		¥120,000	¥120,000	¥120,000	¥120,000	¥120,000
一時的な収入					¥150,000	¥150,000
収入合計		**¥7,620,000**	**¥7,657,500**	**¥7,695,188**	**¥7,883,063**	**¥7,921,129**

基本生活費	1.00%	¥4,600,000	¥4,646,000	¥4,692,460	¥4,739,385	¥4,786,778
住居関連費		¥1,570,000	¥1,570,000	¥1,570,000	¥1,570,000	¥1,570,000
車両費			¥0	¥0	¥0	¥0
教育費	1.00%		¥400,000	¥404,000	¥808,040	¥816,120
保険料			¥0	¥0	¥0	¥0
小遣い			¥0	¥0	¥0	¥0
予備費(交際費・帰省費)			¥0	¥0	¥0	¥0
その他の支出			¥0	¥0	¥0	¥0
一時的な支出		¥5,000,000	¥500,000	¥500,000	¥500,000	¥500,000
支出合計		**¥11,170,000**	**¥7,116,000**	**¥7,166,460**	**¥7,617,425**	**¥7,672,899**

年間収支(=貯蓄額)		▲¥3,550,000	¥541,500	¥528,727	¥265,639	¥248,230
貯蓄の運用利回り	0.50%	**¥11,450,000**	**¥12,048,750**	**¥12,637,721**	**¥12,966,549**	**¥13,279,611**
貯蓄残高	**¥15,000,000**					

2035年	2036年	2037年	2038年	2039年	2040年	2041年
18年後	19年後	20年後	21年後	22年後	23年後	24年後
58歳	59歳	60歳	61歳	62歳	63歳	64歳
56歳	57歳	58歳	59歳	60歳	61歳	62歳
20歳	21歳	22歳	23歳	24歳	25歳	26歳
18歳	19歳	20歳	21歳	22歳	23歳	24歳
¥750,000	¥500,000	¥500,000	¥500,000	¥500,000	¥500,000	¥500,000
¥6,400,000	¥6,400,000	¥6,400,000	¥3,000,000	¥3,000,000	¥3,000,000	¥3,000,000
¥0	¥0	¥0	¥0	¥0	¥0	¥0
		¥14,000,000				
¥6,400,000	**¥6,400,000**	**¥20,400,000**	**¥3,000,000**	**¥3,000,000**	**¥3,000,000**	**¥3,000,000**
¥5,364,437	¥4,818,082	¥4,866,263	¥4,914,925	¥4,964,074	¥5,013,715	¥5,063,852
¥1,570,000	¥1,570,000	¥1,570,000	¥1,570,000	¥1,570,000	¥1,570,000	¥1,570,000
¥0	¥0	¥0	¥0	¥0	¥0	¥0
¥2,832,545	¥2,460,870	¥2,485,479	¥1,310,334	¥1,323,437	¥0	¥0
¥0	¥0	¥0	¥0	¥0	¥0	¥0
¥0	¥0	¥0	¥0	¥0	¥0	¥0
¥0	¥0	¥0	¥0	¥0	¥0	¥0
¥0	¥0	¥0	¥0	¥0	¥0	¥0
¥750,000	¥500,000	¥500,000	¥500,000	¥500,000	¥500,000	¥500,000
¥10,516,982	**¥9,348,952**	**¥9,421,742**	**¥8,295,259**	**¥8,357,512**	**¥7,083,715**	**¥7,133,852**
▲¥4,116,982	▲¥2,948,952	¥10,978,258	▲¥5,295,259	▲¥5,357,512	▲¥4,083,715	▲¥4,133,852
▲¥7,863,439	**▲¥10,851,708**	**¥72,292**	**▲¥5,222,606**	**▲¥10,606,230**	**▲¥14,742,977**	**▲¥18,950,544**

A家のライフプランシート

西暦	2030年	2031年	2032年	2033年	2034年
	13年後	14年後	15年後	16年後	17年後
夫	53歳	54歳	55歳	56歳	57歳
妻	51歳	52歳	53歳	54歳	55歳
子ども	15歳	16歳	17歳	18歳	19歳
子ども	13歳	14歳	15歳	16歳	17歳
子ども					
住宅頭金					
支出予定金額					
イレギュラー支出					
支出予定金額	¥500,000	¥750,000	¥750,000	¥750,000	¥750,000

	上昇率					
給与の手取り収入(夫)	0.50%	¥8,002,397	¥8,042,408	¥6,400,000	¥6,400,000	¥6,400,000
収入(妻)		¥0	¥0	¥0	¥0	¥0
一時的な収入		¥60,000	¥60,000	¥60,000		
一時的な収入				¥2,000,000		¥2,000,000
収入合計		**¥8,062,397**	**¥8,102,408**	**¥8,460,000**	**¥6,400,000**	**¥8,400,000**

基本生活費	1.00%	¥5,680,666	¥5,737,473	¥5,794,848	¥5,852,796	¥5,311,324
住居関連費		¥1,570,000	¥1,570,000	¥1,570,000	¥1,570,000	¥1,570,000
車両費		¥0	¥0	¥0	¥0	¥0
教育費	1.00%	¥2,508,659	¥2,333,745	¥2,357,083	¥2,780,654	¥2,408,460
保険料		¥0	¥0	¥0	¥0	¥0
小遣い		¥0	¥0	¥0	¥0	¥0
予備費(交際費・帰省費)		¥0	¥0	¥0	¥0	¥0
その他の支出		¥0	¥0	¥0	¥0	¥0
一時的な支出		¥500,000	¥750,000	¥750,000	¥750,000	¥750,000
支出合計		**¥10,259,325**	**¥10,391,218**	**¥10,471,931**	**¥10,953,450**	**¥10,039,784**

年間収支(=貯蓄額)		▲¥2,196,929	▲¥2,288,810	▲¥2,011,931	▲¥4,553,450	▲¥1,639,784
貯蓄の運用利回り	0.50%	**¥6,708,420**	**¥4,453,152**	**¥2,463,487**	**▲¥2,077,645**	**▲¥3,727,818**
貯蓄残高						

借金100万円からの気付き——
告白します。私もお金の問題児でした

私は家計再生コンサルタントとして、今まで1万件以上の家計のやりくりや貯蓄についてのご相談にお応えしてきました。

「家計再生のプロだから、お金の失敗なんてしたことがないのだろう」

「もともと数字に強く、きっちりと計画を立てるのが得意なのだろう」

と思われるかもしれませんね。

とんでもありません。実は私も、若いころはお金で大失敗しました。

今でこそ、こんな風にお金のムダ遣いはいけない、お金を貯めるにはこうしたほうがいいとアドバイスをしていますが、30代前半までの私は、むしろアドバイスをされる側の人間でした。

大学を目指して予備校に通っていたころは、経済的にも厳しかったのにパチンコにハマってしまい、せっかくお好み焼き屋さんでアルバイトをして稼いだお金をムダにつぎ込んで散財するというバカなことをしていました。

アルバイト先で出会った妻と結婚した後も、お金を貯めようなどという意識はほとんどなく、毎日のように深酒をして、給料をもらっても後先考えずにすぐ使ってしまい、今思えばお金の失敗を日々繰り返している状態でした。

「全部、仕事のためだから」

妻にはそう言い訳をして、家のやりくりは全部任せていました。

自分は目の前の仕事のことしか眼中になく、家計を顧みることもせず、付き合いに給料以上のお金を使い、貯金とはまったく縁遠い生活でした。

当時の自分がここにいたら、無計画なムダ遣いっぷりや、貯金に対する意識の低さについて警告したいことはごまんとあります。

25歳のとき、司法書士事務所に転職した私は、借金で苦しむ人たちの生活再生をサポートする仕事に携わりました。

そこに借金の相談に来ていた人たちの多くは、ギャンブルなどで借金をつくったわけではなく、不器用ながらも家族思いでまじめな人たちでした。

家族のために、仕事のために、少しムリをして小さな借金をつくったばかりに、利子がかさんで身動きがとれなくなってしまったというケースがほとんどでした。

どんなにまじめにがんばっていても、借金までして自分の収入に見合わない生活を得ようとすると、家計が破綻して、結果的に大切な家族を不幸にしてしまいます。

その仕事を通じて、それまで深く考えたこともなかった家計管理の大切さを学ぶことができました。

その経験を生かそうと思い、30歳のときにファイナンシャルプランナーの資格を取り、2年後に個人事務所を起《た》ち上げました。

そこで、今のような借金や負債に悩む人たちの家計相談を始めたのです。

しかし、当時の私は仕事の人脈を広げるための会合や飲み会に、無計画に資金をつぎ込んでいました。

1回の飲み会に何十万円も使うわけではなく、多くても2万〜3万円でしたが、月に何度もそんな飲み会を繰り返していたら、すぐに10万円、20万円、30万円と出費がかさみ、家計をどんどん圧迫していました。

手持ちのお金でやりくりできなくなると、不足分を補てんするためにクレジットカードのキャッシングに頼るという、無謀なお金の使い方をしていました。

キャッシングは金利も高いですから、利息が元金以上にどんどんかさみ、あっという間に負債が100万円にまで膨れ上がってしまいました。

かつて、私も借金に苦しむ人たちの生活再生に関わっていたのに、いつの間にかミイラ取りがミイラになってしまったのです。

それでも、当時の私は「これは大切な仕事の未来につながる投資だから、多少苦しくてもここが踏んばりどころなんだ」とかたくなに思い込んでいました。

今にして思えば、結果的に仕事にまったくつながらない無益な飲み会が多く、**私がかたくなに「投資」だと思い込んでいた出費は、ただの「浪費」にすぎなかった**のだと思います。

「これで借金を全部きれいにして」

ある日、妻が家計の中からやりくりしてコツコツと貯めてきた100万円を、私にそっと手渡してくれました。

私がこれ以上借金を重ねると、取り返しのつかないことになるという危機感を抱いた賢明な妻の言葉に、私ははっと目が覚めました。

私は100万円の束を見つめながら、自分が飲み代に散財してしまったお金の重みをズッシリと感じました。

クレジットカードが1枚あれば、キャッシングでお金は簡単に手にすることができます。しかし、それは銀行口座にあるお金ではなく、これから稼いで返さなければいけない借金です。

私が深く考えずに手にしてムダ遣いをしていたキャッシングのお金と、妻がコツコツ貯めてきたお金は、どちらも同じお金かもしれませんが、重みがまったく異なります。

お金はあっという間に使えますが、あっという間には貯まりません。

家計を一生懸命にやりくりしてお金をコツコツ貯めてきてくれた妻に、私は心から詫びると同時に、深く感謝しました。

そして、お金を使うときは、それが本当に将来の自分のためになる投資なのか、それとも実りのない浪費なのか、もっと真剣に考えなければいけない――そう肝に銘じました。

この経験が、「消費・浪費・投資」を軸にした、独自の家計管理法「消《ショー》・浪《ロー》・投《トー》」理論を生み出すきっかけになったのです。


当時、どれだけ無頓着にお金を使っていたかと思うと恥ずかしい限りですが、あの大失敗があったからこそ、本当に必要なものにお金を使うことの大切さに気付くことができたのだと思います。

手痛いお金の失敗が、私を大きく成長させてくれたのです。


1回1回の浪費は少額でも、積もり積もると大きな負債になってしまう――

まるでじわじわと身体を蝕む生活習慣病のように、「これはまずい」と気付いたときには深刻な事態になっているのが、お金の失敗の怖いところです。

ただ、失敗を糧にして自分が変わることができれば、それは失敗ではなく、成功に転じる大きな一歩になります。

大切なのは、失敗から学んで、「変わろう」と思うことです。

日々のマイナスの積み重ねによるお金の失敗は、日々のプラスの積み重ねによって必ず取り返せます。

これは、お金の大きな失敗から再生した私自身の教訓です。

老後破綻まっしぐらから V字回復するたったひとつのコツ

「まずい！　このままでは間違いなく老後破綻する！」

家計を顧みて、もしそう感じたら、むしろチャンスです。

まずいと気付かなければ、確実に老後破綻まっしぐらだったかもしれませんが、ピンチだと気付けたことで、家計をプラスに転じるターニングポイントに立てたからです。

「家計が毎月カツカツでピンチ……」

「収入より支出が多くて、貯金を切り崩している」

という場合は、まずは毎月の支出にムダがないかを徹底的にチェックして、お金の使い方を見直しましょう。

「家計のどこにムダがあるのかわからない」

という人は、住居費、食費、水道光熱費、通信費、生命保険料、教育費、交通費、交際費、被服費、雑貨費などの出費、ローンなどの借金、貯金に回せる金額を、ざっと書き出してみてください。

赤字家計の場合は、どの費目を削れば黒字にできるか検討しましょう。

支出を削るだけではなく、たとえば専業主婦の奥さんも働いて家計を二馬力にしたり、投資を始めたりするなど、収入をプラスにする対策も考えられます。

さらに、65歳で年金受給が始まると、10年、20年、もしかするとそれ以上の期間、年金と貯蓄を食いつぶして生きていく生活になります。ですから、60代になっても元気なうちは働き続け、その生活資金となる貯蓄を増やしていくことも検討しましょう。

「老後破綻が怖い！」とやみくもに恐れることはありません。

少しずつでも月々のマイナスを減らして、プラスをコツコツ積み上げていけば、お金は必ず貯められます。

「お金にこだわるのは卑しい」はとんでもない間違い

「家計の悩みは恥ずかしくて、誰にも相談できなくて……」

私のところに家計相談にお見えになる方の多くは、そうおっしゃいます。

老若男女問わず、お金のやりくりの話となると、親しい友人にも相談できないという人が世の中には大勢います。

古くから、「清貧」を美徳としてきた日本人は、お金をなんとなく穢《けが》れたものと考える傾向があるようです。

日本の昔話でも、たいていお金持ちはケチで強欲で悪い人という設定です。

義務教育でも、貨幣経済の歴史や流通の仕組みなどは教わっても、お金の使い方や家計のやりくりのしかたは教わりません。

「金の亡者《もうじゃ》」「拝金主義」「守銭奴《しゅせんど》」「銭ゲバ」といった言葉があるように、お金に執着することは卑しいことだと考えている人が多いようです。

そのため、どんなに気心が知れている間柄であっても、家計の話は互いにしないという人がほとんどです。

親兄弟に対しても、「家計の悩みを話したりすると、まるでお金の無心をしているように思われるので、かえってできない」という人もいます。

一見、裕福そうな家庭が実は火の車かもしれないし、それとは反対に慎ましそうに見える人が、実は投資をしてバンバン稼いでいるかもしれません。互いの懐事情には触れないのが、社会の暗黙のルールになっています。

しかし、お金のことを考えたり話したりするのは卑しいと思う感覚も、お金を貯められない失敗要因のひとつといえます。

お金に対してそうした意識があると、お金と真剣に向き合えないからです。世界一の長寿国の日本で、老後を生き抜いていくために、**大切な軍資金であるお金のことを考えないのは、自分の人生を真剣に生きていない**ということです。

真剣に生きている人ほど、お金と真剣に向き合っています。真剣に生きている人ほど、漠然と老後の不安におびえるのではなく、生涯のライフプランを具体的に考えて、そこから月々の収支を見直してコツコツ貯金をしています。

お金のことを真剣に考えている人は、お金に卑しい人ではなく、生き方が賢い人なのです。

月一度の「マネー会議」で家計の状況を共有

「子どもはお金のことを心配しなくていい」

私は大学に入学するとき、父親にそういわれたことがありますが、実際は経済状態が苦しかったようです。

子どもに心配させまいという親心から、「子どもに家計の話をしない」という家庭が多いと思います。しかし、将来、**自立した子どもを育てようと思うなら、お金の教育をする意味でも、子どもも家計を理解すべき**だと思います。

我が家では、10年以上前から、月に一度は家族が全員集合して「マネー会議」を開き、その月の収入や支出、普通預金や外貨預金、投資信託の金額まで、ありのままに報告しています。

勉強のために塾に行きたいとか、どうしても必要なものがあって購入したいという場合は、定価だけでなく量販店やネット通販の価格も詳しく調べて、家族の前でプレゼンテーションします。

プレゼンテーションした内容について許可するかどうかは、家族みんなで話し合って決めます。

たとえば、私がドライヤーを買いたいとプレゼンしたときは、娘たちのカールドライヤーがあるから不必要であると判断され、家族会議で許可されませんでした。

家計をオープンにしていると、こうしたちょっとしたムダ遣いを家族みんなの客観的な判断によって未然に防ぐことができます。

また、何が必要で何が必要でないのかということに敏感になり、お金はなんのために使うのかという目的意識を常に明確に持つ訓練になります。

子どものお小遣いも、円とドルの両方を用意して、為替の相場からどのような比率でもらうと有利かを考えてもらうようにしています。

それによって、為替の知識が自然に身に付き、知識があればお金の価値を高めることができると身をもって学べます。

長女が大学に入学するときも、初年度分の入学金と授業料などの200万円を銀行からそのまま振り込まず、わざわざ現金を下ろしてきて、長女にその札束を手渡し、自分で大学に振り込みに行くようにいいました。

もし私がサッサと右から左に振り込んでしまえば、「なんのためにそのお金が必要なのか」ということを考える機会がなくなってしまうと思ったからです。

「こんな大金を持っていたら、途中で誰かに狙われないか心配……！」

当時18歳だった長女は、生まれて初めて手にする大金に少し面食らっていましたが、**札束を持たされたことで、「自分が進学するために、こんなにお金がかかるんだ」ということをリアルに実感**できたようです。

長女と次女は自ら進んでアルバイトをして、学費の一部を負担してくれています。自分が学びたいことがあるから大学に進学するわけで、そのためのお金を全部親に頼るのではなく、自ら働いてでも学ぼうとする心意気がうれしかったです。

我が家のような家庭はまれで、一般には子どもに家計の話をするのはタブーであるとか、家計のことは妻任せという家庭が多いようです。

しかし、家族みんなで共有することで、お金を大切に使うようになり、一家全員で目的意識を持って貯金をすることができるようになります。

2章

case study

「お金が貯まらない人」が知らずにやっている16の悪い習慣

ケース
1

プチプラ好きはプチプアのもと 100均ショップで「ちょこちょこ買い」の落とし穴

「ブランド品を買ってぜいたくしているわけではないのですが……」

よくそういって首をかしげる相談者がいます。そういう人は、ブランド品のような大きな出費はしていなくても、コンビニやドラッグストアなどで、少額の出費をちょこちょこ重ねているのです。

「どうせ安いから、あれもこれも」と、100均ショップでちょこちょこ買いをした商品の合計が、月に5000円近くになっているという人もいます。

まさか100均ショップでそんなに浪費しているとは思わず、「ぜいたくなんてしていないのに、どうしてお金がないのかしら?」という状況に陥っているのです。

特に「かわいいモノ好き」の女性は、500円前後のちょっとした雑貨や部屋の装飾品などをちょこちょこ買う傾向があります。

ある女性会社員の方は、通勤途中の駅ビルや近所の雑貨店などでプチプライスのかわいいモノを見つけるとつい衝動買いしてしまうため、そうした支出の合計額が月に1万5000円以上に膨れていました。

子育て中の方も、小さなお子さんのためにかわいいグッズやキャラクターの付いたお菓子などをちょこちょこ買い与えたりしがちです。

子どもの学童保育の送り迎えの途上で、コンビニに立ち寄っては、毎日おやつのお菓子や肉まんを買うのが習慣になっているというお母さんもいました。

まさに、「500円ぐらい、まぁいいか」というラテ・マネー的な感覚です。

こうしたちょこちょこ買いの習慣がある人は、大きな出費には敏感なのに、小さな出費には鈍感です。高額商品をドーンと買うわけではないけれど、プチプライスの店を娯楽場にして、無意識に買いもの欲を満たしていたりするのです。

「私もちょこちょこ買いをよくしているかも……」

と思われる方は、月にどのくらいそうしたお金を使っているのか、レシートを全部チェックして、一度合計金額を計算してみてください。

「うわっ！　私って、意外とムダなお金を使っているんだな」

という自覚を持つだけで、もう少し出費を抑えようという意識に変わり、無頓着に買っていたときよりもブレーキが利くようになります。

「私はお小遣いもなしで慎ましくやっています」

という専業主婦の方でも、かわいい雑貨などをちょこちょこ買いした支出が日用品費や雑費などとして家計に紛れ込んでいて、それが1万〜1万5000円に膨れ上がっているケースもよく見受けられます。

自分ではお小遣いもなしで、慎ましくやりくりしているつもりでも、実は家計と自分のお小遣いを一緒くたにして、ごまかしているだけなのです。それならいっそ、家計とは別に自分のお小遣いの枠をとって、その金額の範囲内で自分のモノを買うようにするほうが、家計を圧迫するようなムダなちょこちょこ出費を抑えられます。

POINT

○レシートを総点検して、ちょこちょこ買いの合計金額を計算する。
○ちょこちょこ買いのお金を家計に含めるのはNG！ 別途お小遣い枠をつくり、必ずその範囲内でやりくりを。

ケース
2

その商品、本当に必要ですか？
「宅配のついで消費」の落とし穴

「宅配してもらうついでに、これも頼んじゃおう」
「送料がもったいないから、ついでに追加で買っちゃおう」
「すぐに腐るものでもないから、ついでに持ってきてもらおう」

スーパーなどの宅配や、カタログ通販を利用している人は、どうせ持ってきてもらうのだから、「ついでに」あれもこれも頼もうという「ついで消費」をしがちです。

カタログを眺めているうちに、「今月のおすすめ品」や「お買い得商品」など、魅力的な売り文句につられて、特に必要がなくても「ついでだから」と購入してしまう心理が働いてしまうのです。

実際にスーパーマーケットに行って買いものをする場合は、重くて持てなくなるほどの食材を買おうとはしないでしょう。

しかし、それが玄関まで持ってきてくれる宅配だったら、1週間や1カ月単位で見ると食べきれないほどの量の冷凍食品を「どうせいつか食べるから、ついでに」と、あれこれ買い込んでしまう傾向が見られます。

しかも、その場で財布からお金を出すわけではなく、支払いは口座振替で翌月に引き落とされたりするので、出費に対する意識も甘くなりがちです。

その結果、食費や日用品費の金額が必要以上に多くなってしまいます。

宅配やカタログ通販を利用するときは、「ペットボトルや米など、重いものだけを買う」といったルールを決めて、ついで消費を抑制するのが得策です。

また、日用品も多めにストックしてあると、消費スピードが加速します。たとえば**ティッシュペーパーやトイレットペーパーをまとめ買いすると、「まだこんなにある」という安心感から、いつもよりも使用量が多くなる傾向**が見られます。

これでは、まとめ買いで多少割安に購入できたとしても、全体的に見たら決してお得ではありません。

不必要なまとめ買いはしないというルールを決めて、必要な量だけストックするようにすると、もっと大切に使うようになって、結果的に出費を削減できます。

POINT

- ○宅配で買うものの範囲を限定し、「ついでに」という発想をやめる。
- ○ティッシュやトイレットペーパーのストックは必要最低限にとどめる。

ケース3

ワンクリックが命取りに「ネット通販」の落とし穴

アマゾンや楽天市場をはじめとするネット通販は、スマホやパソコン上で、いつでもどこでも注文ボタンをクリックするだけで買いものができるので、必要以上に買いすぎてしまいます。

財布からお金を出して買いものをする場合は、500円玉が1枚減った、1000円札が3枚減った、1万円札が5枚も減った……という風に目に見えてお金が減っていくので、ある種の「痛み」を実感することができます。

しかし、お金にもお財布にも触れないまま、カートに入れてポチッと決済できるネット通販のクレジットカード払いは、お金を使ったという実感が必然的に持てません。

しかも、後払いだと、お金を使っても、銀行口座のお金はすぐに減らないので、なんとなくお金に余裕があるように錯覚しがちです。

そのため、「欲しい」と思ったら、24時間いつでも買えるネット通販で、「ムダ買い」や「買いすぎ」の失敗をしてしまいやすいのです。分割払いが重複すれば、想定外の高額な支払い請求に後で真っ青になる可能性もあります。

こうした失敗を防ぐには、支出を「見える化」することが大切です。

VISAやJCBの加盟店で利用できるクレジットカード会社のブランドがついた**デビットカードを使えば、買った金額が自分の銀行口座から即時決済される**ので、自分でいくら使ったか実感できます。

通常のクレジットカードで支払う場合は、翌月に引き落とされるとしても、利用した金額は既に支払ったと考えるようにするために、実際にクレジットカード利用額と同じ金額を支払い用口座に入金しておきましょう。そうすると「これだけ使ったんだ」ということを、肝に銘じることができます。

POINT

○ネット通販のムダ買いを防ぐには、デビットカードで即時決済。
○クレジットカード払いした際も、使った金額だけ支払い用口座に入金して、使った金額を見える化する。

ケース4

返しても返しても元金が減らない「リボ払い」の落とし穴

1章でお話ししましたが、私はかつてクレジットカードのキャッシングで100万円の借金をつくってしまった苦い経験があります。

カードがあれば簡単にお金が借りられるキャッシングも、支払いを複数回に分けるリボルビング払いも、元金が10万円なら10万円だけ返せばいいわけではなく、通常より高い金利を支払わなければなりません。

カード会社によりますが、キャッシングの場合は利息が15〜18%ほど、リボルビング払いの場合は利息が15%前後かかります。

リボルビング払いの場合、いくら利用しても毎月の返済額は一定なので、毎月の支払い額は安定しているのですが、利用した金額が高額だったり、利用枠の範囲の中で何度も繰り返し使っていたりすると、その分、利用残高が積み上がり、そこにどんどん高い利息がかかってきます。

そのため、返済しても返済しても残高がなかなか減らず、元本をはるかに超えた借金を抱えて、完済まで長期にわたり利息を払い続けなければならない泥沼にハマってしまいます。

ある会社員の男性は、合計80万円のカード残高を、リボルビング払いで毎月7万円近くも支払っていました。

リボルビング払いにしているのは、月々の返済額を一定にすることで、毎月10万円以上の貯蓄金額を確保したいからとのことでした。

貯蓄を毎月コツコツするのは素晴らしい心がけです。

しかし、一方でリボルビング払いの金利は15％前後。このように金利が高い支払いを延々と続けていると、なかなか元金が減らず、金利の支払い負担が大きくなってしまいます。

「貯蓄がちゃんとできているから、お金があるのだ」という錯覚に陥って、家計全体の矛盾に気付かないと、貯めているつもりが、家計全体ではむしろマイナスになっていることがあります。

金利の高い借金を抱えながら貯蓄をするくらいなら、貯蓄を一時的に切り崩してでも、借金を完済してしまうほうが得策です。

POINT

○金利が高いリボルビング払いは選ばない。
○家計全体を見て、貯蓄よりも、まず借金返済を優先する。

ケース
5

ボーナス160万円でも貯められない!?
「先取り天引き貯金」の落とし穴

お金を貯めるためには、毎月きちんと貯蓄することが必須です。毎月一定の額を給料から差し引いて自動的に貯金する「天引き貯金」を利用すれば、手間もかからず確実にお金を貯めることができます。

ですが、ムリをしてたくさん天引き貯金をしても本末転倒。本人は「貯めているつもり」になっていても、実際はそうではなかったケースを紹介しましょう。

ある商社勤めの女性(39歳)は、手取りの月収が20万円で、その中から毎月3万円を天引き貯金として貯蓄していました。ボーナスは夏と冬にそれぞれ80

万円支給されています。

ただ、天引き貯金3万円分を引いた17万円の中では、毎月やりくりできなかったのでしょう。

水道光熱費や被服費、美容費など生活費の一部だけは口座を別に設けて引き落としにしていましたが、残金が不足しがちでした。そのためボーナスで補てんしたり、それでも不足するなら貯金から補てんするという、ややこしいお金の流れでやりくりしていました。

そのため、月々の家計の収支がいったいいくらになるのか本人にもわからないという状況です。

家計の収支がわからなければ、家計を振り返って見直すことができないので、浪費の穴にも気付けません。

天引き貯金をしようという心構えはいいことです。ただ、彼女の場合、天引き貯金をして残った給料だけでは生活費をまかなえなかった点が問題です。

ボーナスについてはケース6で詳しく説明しますが、そもそも、**月々の家計の不足分をボーナスで補うという考えは誤り**です。月々の収支はすべて毎月の給料内で完結させなければなりません。

天引き貯金をしていると、毎月確実にお金が貯まっていくので、心理的になんとなく安心感があります。しかし、ムリな天引きをしたせいで、足りなくなった生活費をボーナスや貯金から補てんしていては天引き貯金をしている意味がありません。

それでは天引き貯金は貯まっても、ボーナスは貯まらないし、貯蓄も減りがちなので、お金が思うように貯まっていかないのです。

貯金は見せかけの安心のためにするものではありません。

彼女はムリな天引き貯金を見直して、3万円の天引きを1万円に引き下げ、あまり使っていなかったスマートフォンも思い切って格安ＳＩＭに替えるなどして、家計を毎月の給料の中ですべて収めるようにしました。

その結果、月に5万円前後あった毎月の不足分をボーナスで穴埋めする必要がなくなり、年間約160万円のボーナスを、ほぼそのままそっくり貯金できるようになりました。

「貯めたつもり」の空しい天引き貯金をするくらいなら、このほうが早くお金が貯まります。

POINT

○ムリな天引き貯金をして「貯めたつもり」でいても、不足分をそこから補てんしていては意味がない。貯金に背伸びは一切不要。
○支出も貯金も、毎月の給料の中で収めることが鉄則。

ケース6

住宅ローン破綻予備軍の可能性も「ボーナス払い」の落とし穴

家計のやりくりという話をしましたが、住宅ローンの返済をボーナス払い併用にしている人も少なくありません。

しかし、ボーナスというのは、あくまでも会社の業績に伴う特別手当です。会社の業績いかんでは、頼みのボーナスが想定より大幅に下がったり、ボーナスゼロということも十分に考えられます。

ある一般事務をしている30代後半の独身女性は、21万円の月収に対して、クレジットカードで洋服を毎月10万円前後も買っていました。

当然、毎月の給料内では支払いきれないので、ボーナス払いにしてなんとかやりくりしていました。

そのため、ボーナスが一切貯金できない状況でした。

ところが、年の瀬も押し迫ったころ、ボーナスが振り込まれる10日前になって、「今期はボーナスが出ません」と会社からいわれたそうです。

クレジットカードの支払いはたっぷり残っているにもかかわらず、あてにしていたボーナスはゼロ。しかも貯金もありません。危機的な状況に陥った彼女は真っ青になりました。

「まさか、ボーナスが出ないなんて……！」

浪費の穴埋めをボーナスに依存する危険性に、彼女はそのとき初めて気付いたのです。これがひとつのショック療法となって、彼女はそれまでの無計画な買いものを反省し、浪費グセがピタッと止まりました。

彼女の場合は災いが転じて福となったとはいえ、「ボーナス頼み」は、お金の失敗のもとです。

月々の収支の赤字をボーナスで補うとか、「ボーナスありき」のローン返済計画を立てていると、ボーナスが出なかったとき、家計は一気に収支バランスを崩して赤字に転じてしまいます。

そうしたリスクを避けるためにも、**はじめから「ボーナスはないもの」と考える**ことです。

ボーナスが出ても、旅行や冠婚葬祭など、イレギュラーな出費に充てるのにとどめ、**少なくとも5割以上は貯金**に回しましょう。

ボーナスに回せる貯金が多いほど、家計は健全といえ、ボーナスの8割以上を貯金に回せたら、家計の健康優良児になれます。

POINT

○ボーナスはないものと考え、ボーナス頼みのローンは組まない。
○ボーナスが出たら、少なくとも5割以上は貯金に回す。

ケース7

タダの裏には必ず〝企み〟あり「無料好き」の落とし穴

「無料相談」「手数料無料」「送料無料」「登録料無料」「年会費無料」「体験無料」

世の中には「無料」をうたったサービスがたくさんあります。

そうした「無料」のサービスをうまく活用すれば、ムダなお金を節約できるのではないかと思われるかもしれませんね。

しかし、「タダより高いものはない」ということわざがあるように、**「無料」の裏には必ず意図がある**ので、無料に飛びついたものの、無料では済まなかった、ということが多々あります。

たとえば、「無料」の響きにつられてセミナーに招かれ、勧められるまま高額な情報商材をうっかり買ってしまったり……。

「今なら1カ月お試し無料！　映画見放題！」のキャッチフレーズにつられて有料放送にお試し加入し、気付けばほとんど視聴しないうちに無料期間が過ぎて、年会費や月額視聴料が引き落とされていたり……。

「3000円以上送料無料」だからと、本当は必要のない商品を追加で購入したり……。

保険の無料相談も、窓口の代理店が保険会社から手数料をもらって成り立っているため、代理店が手数料を稼ぎやすいプランを勧めていることがあります。「無料相談できるなんてラッキー」と思いきや、実は高額な生命保険に加入するように巧みに誘導されているかもしれないのです。

ある男性は、携帯電話の料金を引き下げたくて、代理店の窓口に相談に行ったところ、「今ならこのプランを追加すると、3カ月無料でこんなサービスが受けられますよ」と勧められ、プラス料金を支払って帰ってきたそうです。

しかも、その無料のサービスもよく見ると自分はほとんど利用しないような内容だったようです。

このように、「無料」にすぐ飛びつく人は、「無料」の落とし穴に知らずに落ちて、かえってお金をムダにして失敗していることがあります。

「無料」とうたっていてもそれが商売である以上、必ずどこかにお金を落とさせるからくりがあることを肝に銘じてください。

そうしたことにもっと敏感になって、「無料」を疑うリテラシーを鍛えると、「無料」というだけで安易に飛びつかなくなります。

POINT

- ○「無料」でもお金を落とさせる仕組みがあると注意すべし。
- ○「無料=節約」と思って利用すると、かえって損するケースも。

ケース 8

万が一を考えすぎて「保険貧乏」の落とし穴

「生命保険料が高額で、家計のやりくりが大変」

「生命保険料の支払いがきつくて、貯蓄に回せない」

そんな悩みを抱えた相談者の方が大勢いらっしゃいます。

「保険は人生で2番目に大きな買いもの」といわれることがありますが、家や車のように形に残るものではないので、「まさか保険にそんなにお金をかけているはずがない」と思っている人も多いようです。

生命保険文化センターが実施している2015年度「生命保険に関する全国実態調査」によると、2人以上の世帯における生命保険年間払込保険料の平均は約38万5000円。月に換算すると、毎月約3万2000円もの生命保険料がかかっていることになります。

もし、40歳の人が80歳までこの生命保険をずっとかけ続けたなら、1540万円の高額な買いものをしたのと同じことになるのです。

もし、これだけの金額を支払う保険の保障内容があなたの状況に合わないものであれば、それはお金が貯められない大きな失敗要因のひとつといえます。

家計を見直して貯蓄を増やしたいなら、保障内容の見直しをすると、保険料の削減につながる場合が多くあります。

万が一のことを考えて保障を全部そろえたい、貯蓄性も備えておきたいと思い、複数の保険に疑いもなく加入していたら、間違いなく「保険貧乏」まっしぐらです。

生命保険は各家庭の家族構成に応じて、必要な保障や額が変わります。独身から結婚したときなど、ライフステージの変化に合わせて保険の目的を考え検討していきましょう。

住宅を購入したときも、住宅ローンを組むと多くの場合「団体信用生命保険」に加入します。これは本人が死亡したり高度障害になったりしたとき、ローンの残額をカバーしてくれる保険なので、生命保険で必要となる保障額を減らせます。

就職したときや子どもが生まれたときから、当初の保険に入りっぱなしという人や、自分の加入している保険の内容をよくわかっていないという人は、早めに見直しを図るべきです。

「高額療養費制度（注）もあるから、医療保険はやめよう」

注：健康保険が適用される医療費が一定額（年収により異なる）を超えた場合、超えた分の医療費が戻ってくる、又は医療機関に直接支払われる制度。平均的年収の場合、その一定額は9万円ほどになる。

「死亡退職金があるから、死亡保険はやめよう」

子どもが独立した後は、死亡保険料を引き下げて、コストダウンを図りましょう。

現状の目的に合わない不要な保障内容に多額の料金を支払うのをやめれば、家計を圧迫している保険料を今よりもっと節約できるはずです。

POINT

- 結婚、出産、子どもの独立など、それぞれのライフステージに合わせて保険料やプランの見直しを図ろう。
- 子どもが独立したら、死亡保険料を引き下げてコストダウン。

ケース
9

貯金ゼロの原因は良妻賢母!?「いい妻・いい母」の落とし穴

家族の身体を気遣い、健康にいい食材を厳選して、朝昼晩とおいしい食事を手抜きせずにつくってくれる良妻賢母——というと、とても素晴らしい主婦の鑑《かがみ》のような女性を想像しますよね？

しかし、無農薬や添加物ゼロ、グルテンフリーなど素材や銘柄などにこだわった食材や食品はつくるのに手間暇がかかるので、おしなべて通常の品よりも割高です。

たとえば、濃縮還元ジュースなら200円前後で買えますが、ストレート果汁のジュースだと400円以上になったり、通常なら1000円以内で買えるオリーブオイルが、無農薬だと2000円以上するなど、2倍以上の価格差があることが珍しくありません。

何もかもそうした食材で食事をつくろうとすると、当然ながら食費がその分確実に高くなります。


ある共働き夫婦の場合を見てみましょう。夫はとても優しく、奥さんは尽くすタイプでした。

ふたり合わせて月収は60万円あり、ふたりの子どもと犬2匹と暮らしている幸せな家族なのですが、日常生活全般の出費が多く、まったく貯金ができないのが悩みでした。

特に目についたのが、毎月の食費（外食やお酒などの嗜好品《しこうひん》は含まれていません）に10万円以上かけていることでした。

4人家族で食費が10万円というのは、明らかに高すぎです。

聞けば、奥さんは夫や子どもたちの健康を気遣って、厳選した有機食材に非常にこだわっていました。

確かに、節約のためだからといって切り詰めすぎて身体を壊してしまっては、医療費や薬代がかかってしまうことになります。健康に気を遣うのも、家計を考えるうえで重要なことです。

しかし、食材の質にこだわりすぎると食費がかさむので、家計を圧迫し、貯蓄できなくなります。

家族の健康を気遣う「いい妻・いい母」は理想的に思えますが、家計という観点から見ると、「いい妻・いい母は、家計に悪い」のです。

本当の良妻賢母とは、家計を無視してでも食材にこだわる人ではなく、家計のことも考えて食材を選びながらも上手にやりくりできる人ではないでしょうか？

食費を見直すには、1週間単位で予算を組み、その範囲内でやりくりしてみることです。

たとえば、1週間の食費の予算を1万円とするなら、あらかじめ財布の中に1万円しか入れないようにすれば、財布のひもが自ずと引き締まります。

これを1カ月、2カ月と続けていくと、確実に意識が変わります。

たとえば、それまで値段を気にせず、健康にいいというだけで購入していた食材について、「本当にそこまでお金をかける価値があるのか？」「やはりこれだけはどうしても譲れない」ということを精査するようになり、すべてにこだわらなくても、工夫すれば健康に気遣ったおいしい料理を予算内でつくれると気付けます。


お金を無頓着にかけていたときと、予算の範囲内でやりくりしたときと、健康状態に変化がないとしたら、健康のために使っていたつもりで、ムダに使っていたということになります。

食費を削れるようになると、支出をコントロールするマネジメント力が次第についてくるので、ほかの日用品費などについても、引き締めようという意識が働き、相乗的に出費を抑えられます。

先ほどの4人家族は、この方法で食費を10万円から6万円にまで削減し、日用品費も引き締めていった結果、**貯金ゼロから年間100万円の貯金に成功**しました（食費を引き締める詳しい方法は、3章の133ページをご参照ください）。

POINT

○「健康のため」「家族のため」といって、湯水のごとく食費を使っていては絶対に貯金できない。
○食費を削れるようになると、ほかの費目についての引き締め意識も高まる。

ケース
10

いつかは縁の切れ目にも?
「夫婦別財布」の落とし穴

結婚しても、夫婦の財布を別々にしているケースがよく見られますが、夫婦別財布も貯められない大きな要因となります。

40代で結婚したある共働きのご夫婦の事例です。夫35万円、妻29万円の月収があるのですが、結婚当初は互いの給料の額も知りませんでした。互いに独身時代にキャリアを築いてきているので、財布もそれぞれ別々にしていました。

それまで自分で稼いだお金は自分で好きに使ってきているので、いきなりお小遣い制は受け入れられなかったようです。

当然ふたりで力を合わせて貯めたお金もなく、それどころか、それぞれのお小遣いの不足分を独身時代の貯金から補てんしていました。

この夫婦は、食費、日用品費、住居費、水道光熱費の一部だけを予算に組み、それを折半して同じ生活用口座に入金し、残りはそれぞれ自分のお小遣いや、携帯代、保険料、交際費に充てるという形にしていました。

ただ、日用品にも互いにこだわりがあったため、洗濯の柔軟剤からシャンプー、ボディーソープなどもすべて別々のものを使っていました。

こうしたものについてもう少し話し合って同じものを使うようにできれば、家計がもっと引き締まり貯金に回せるようになるはずです。

お金を貯めようと思ったら、「夫婦別財布」はどこかで改める必要があります。

一般的には、住宅を購入するときや子どもが生まれたときに、別財布をひとつの財布に合わせるケースが多いようです。

「夫婦別財布」とひとことでいっても、「ぼくは食費と生命保険料を出す」「私は住居費を出す」という風に費目で分けたり、複数の費目を比例して配分したり、いろいろなパターンがあります。

しかし、どんなパターンであっても、**私がコンサルティングをしてきた多くの事例を見る限り、夫婦別財布はお金が貯まらない**と断言できます。

結婚しても別財布のままだと、それぞれが自分勝手に使ってしまうので、どうしても互いにムダが出てしまいます。お金に対する価値観や、お金の使い方・考え方がバラバラだからそうなるのです。

共働きであっても夫婦は財布をひとつにすることで、マイホーム購入のために、子どもの教育資金のために、老後資金のために――といった同じ目的を持って、「一緒にがんばってお金を貯めていきましょう」という意識を共有でき、価値観も合わせていくことができます。そうすると貯蓄もできるようになっていくのです。

POINT

○「夫婦別財布」はどんなパターンでもお金が貯まらない。自分のお金は自分だけで使うという考えはムダ遣いの原因。
○夫婦の財布を合わせて、一緒に貯めていこうという意識共有が大切。

ケース11

家計にお任せはありえない「切実な妻、能天気な夫」の落とし穴

「家計のことは妻に任せている」

そんな男性がよくいます。私も若いころはすべて妻に家計を任せっぱなしでした。

ある夫婦のケースですが、夫はボーナスも退職金もある安定した大手企業勤めであることから、お金に危機感がなく、家計はすべて妻任せにしていました。

夫（47歳）の月収は38万円で、専業主婦である妻（53歳）は、夫から毎月13万円を渡され、食費や生活費、医療費などをその中でやりくりしていました。

妻が子育てをしながら家計を切り詰めてきりもりしている一方、夫はパチン

コや競艇などのギャンブルが趣味で、ボーナスもすべてギャンブルにつぎ込んでいたので、貯金はゼロです。

ギャンブルの資金が足りなくなると、夫は実家にまで資金援助を求めていました。

妻は子どもの教育費が心配でしたが、将来を楽観視してお金を貯めようとしない夫に対して不満をいえず、ずっと悩んでいました。

このように、妻が夫にうまくいい出せず、妻だけがお金の心配をしているというケースは年齢を問わずよく見られます。しかし、やはり夫の理解や協力なしに貯金はできません。

こうした場合、**金銭的な危機感を持っていない夫を納得させるには、家計簿の数字を見せて話すのが一番効果的**です。夫は生活にどのようにどれくらいのお金がかかっているのか、想像すらできていないことがよくあるからです。

家計簿を見れば、夫も自分がいかに浪費しているか一目瞭然なので、自ずと

「このままではまずい」と危機感を持つはずです。

家計簿をつける習慣がなくても、最低でも3カ月間つけ続けると、費目ごとのバランスや、収支の流れがわかってきます。それから夫に見せれば、危機感をあおるはずです。

POINT

○夫婦のどちらかだけが貯めたいと思っていても貯まらない。お互いの理解と協力が不可欠。

○家計に無関心な夫を改心させるには、家計簿の数字を見せるのが効果的。

ケース12

早く返した者勝ちはもう古い 「住宅ローン繰り上げ返済」の落とし穴

家計の固定費の中でも、特に削りにくいのが住宅ローンです。

ひと昔前の雑誌では、「住宅ローンは繰り上げ返済したほうがいい」という記事をよく目にしましたが、今の時代は必ずしもそうではありません。

なぜなら、繰り上げ返済したほうがよかったのは、住宅ローンの金利が高かった時代の話だからです。低金利時代の今は繰り上げ返済しても、利息がそれほど軽減されるわけではありません。

「ローンの借入金はなるべく早く返済したい」

「住宅ローンの金利を払うのがバカらしい」

「現役のうちにローン返済を終わらせたい」

そう考えて、ムリして繰り上げ返済をした結果、キャッシュフローがうまく回らず、そのために貯金もできなくなるという悪循環に陥ることがあります。月々の返済額を増やし、ローンの返済を早めれば早めるほど総返済額も少なくて済みます。

しかし、そのために貯金ゼロになるのは、失業など不測の事態が起こったときにとてもリスキーです。

繰り上げ返済した後、子どもの教育費が予想外にかさむなどで、生活が非常に苦しくなるケースもあります。

住宅ローンを支払っている人は、住居費が出費のトップを占めているというケースが多いと思いますが、毎月支払う住居費の割合は収入の20～25％を目安にしましょう。

もし住居費が収入の30％を超えてしまうと、収入にかなり余裕がない限り、生活費が圧迫され貯蓄もしにくくなります。

借金を早く返したいという思いだけで繰り上げ返済をせず、生活防衛資金をしっかり確保しながら、ムリのない返済計画を心がけましょう。

POINT

○毎月支払う住居費は収入の30％を超えないように注意。

○失業、教育費の増加など、不測の事態も起こると考え、ムリのない返済プランを。

ケース 13

資産もやがて負債に変わる「不動産収入」の落とし穴

マンションなどの不動産を所有している人は不動産収入を家計に入れている場合がありますが、それは失敗のもとです。

なぜなら、不動産収入は、金額がとても不安定だからです。地価も変動しますし、毎年支払う固定資産税も変動します。

所有しているマンションやビルの部屋やテナントが、いつも満室になるとも限りません。

空室の状態が続くと、家賃収入がゼロなのに、管理費だけが毎月かかって、収支はむしろマイナスになります。

管理会社に委託しない場合は、家賃滞納などのリスクも考えられるでしょう。

新築で購入したマンションも、12～15年ごとに大規模修繕工事が必要になってくるので、多額の修繕積立金を追加で支払わなければならなくなる場合もあります。

ある共働きの夫婦は、夫（51歳）が月収38万円、妻（48歳）の不動産収入が毎月41万円で、トータルの年収が１０００万円以上あるにもかかわらず、貯金ゼロでした。

お子さんが大学生、高校生、中学生と教育費がかかる年齢であることなども出費がかさむ一因でしたが、収入も高い分、食費など生活費全般の支出も全体に高めのメタボ家計でした。

しかし、一番の問題点は、不動産収入も当て込んで家計をやりくりしている点でした。毎月41万円の不動産収入が、この先ずっと変わらない保証はどこにもありません。

家賃収入の中で固定資産税やメンテナンス費などの諸経費をまかなえるのが理想的ですが、築年数が経って建物が老朽化すれば家賃も下がりますし、メンテナンスの費用もそれまで以上にかかってきます。

こうしたことから、安定しない不動産収入については、ボーナス同様、家計と切り離して考えるのが鉄則です。

家計はあくまでも不動産収入を含めない中でやりくりをすることで、不動産収入を貯金に回せます。

POINT

○不動産収入は、地価相場や経年劣化、空室問題などで金額が安定しない。

ケース 14

数字の記入だけで満足していませんか？
「家計簿・家計簿アプリ」の落とし穴

「家計の年間支出は、エクセルでばっちり管理しています」

実はそういう人に限って、月々のお金の流れを把握できていないことがよくあります。

家計をちゃんと管理しようという心がけはとてもいいと思います。

ただ、エクセルを使って細かく記録して「管理しているつもり」になっていても、単に数字を記入したり、集計したりするだけで満足していては意味がありません。

そもそも、家計簿は年間ベースではなく月単位で定点観測しながら、お金の流れを振り返り、ムダな支出を見つけて改善するための手段なのです。

単に家計簿をつけることが目的になってしまっていては本末転倒です。数字の記録だけで満足してしまって家計簿を見直すこともせず、浪費を見過ごしてしまうのが一番よくないことです。

「家計簿をつけなくても家計を管理できますか？」


よくそんなご質問を受けます。

私はかつて2年間継続して家計簿をつけていましたが、今はつけていません。なぜなら、家計簿を続けていたおかげで、家計簿をつけなくても家計の流れをつかめるようになったからです。

もし、家計簿を一度もつけたことのない方は、3カ月続けてつけてみてください。できるようなら、1年間つけてみましょう。

一生家計簿をつけ続ける必要はありませんが、家計簿をつけることによって、月々の支出の流れをつかむコツがだんだん身に付いてきます。

あまりマニュアル的に堅く考える必要はありません。細かなところまで神経を尖らせていると、家計簿をつけること自体が苦痛になって、続かなくなってしまいますから。

ときには余白に覚え書きのメモを添えてみるのもよいでしょう。

たとえば、交通費のところに「夏休みの家族旅行」とメモしたり、教育費のところに「長女の大学入学」とか、収入のところに「次男の出産祝いで臨時収入あり」などと、収支に関連したトピックスを書き添えると、後で振り返ったときに「なんでこんなにこの月だけ金額が突出しているのだろう？　計算が間違っているのかな？」などと疑問に思わずに済みます。

最近は**紙の家計簿だけでなく、スマホに入力できる便利な家計簿アプリ**がいろいろ出ているので、試してみるのもいいかもしれません。

ただ、アプリに依存して、家計の内容よりもきれいな家計簿をつくり上げることに終始してしまっては、家計簿をつける意味がありません。

大切なのは、見た目の整った美しい家計簿をつくり上げることではなく、家計簿を振り返って見たとき、月々の家計の流れがわかるかどうかがポイントなのです。

POINT

○家計簿に数字を記入しただけで満足するのは絶対にNG！　お金の流れを振り返るためにつけるものと意識しよう。

○家計簿は一生つける必要はない。最低3カ月つければ、収支の流れをつかむコツが身に付く。

ケース15

家族への愛情が裏目に？「優しすぎ」の落とし穴

家族へのあたたかな愛情が、家計を圧迫する思わぬ足かせになっているというケースも意外とあります。

あるディンクス（共働きで子どもがいない）の夫婦のケースを見ていきましょう。夫（42歳）が、医療関係の会社に契約社員として勤めている妻（37歳）を気遣いすぎるあまり、非常に家計がアンバランスになっていました。

内訳を見ると、夫は月28万円の収入の約半分を、住宅ローンと管理費に充て、さらに水道光熱費、生命保険料に加え、妻の携帯代まで支払ってあげていました。

そのため、夫の収入は１００％家計に消え、足りない分は自分のなけなしの

60万円の貯金を切り崩してまで補てんしているようなギリギリの状態でした。

夫は、「ぼくに万が一のことがあったら、妻が困るから」と保険も削れないといい、妻の仕事のストレスを心配して、自分は飲酒をしないにもかかわらず、妻の酒代まで自分の給料からやりくりしていました。

その一方、妻は自分の収入の23万円を、被服費や美容費、娯楽費などに自由に使っていました。

それで夫婦円満なら、他人が口出しをする必要はないのかもしれません。

ただ、お金を貯めるという観点では、このままでは貯金ゼロどころか夫の貯金もすぐに底をついて、家計が立ち行かなくなってしまうのは目に見えています。

そんなダメ家計になっている原因は、夫の優しすぎる愛情です。「自分はさておき」という夫の妻に対する過保護すぎる優しさが、家計にまるで無頓着な「ダメ奥さん」をつくっているといえます。

夫婦なのですから、どちらも家計の当事者なのです。

自分をさておくことは、美徳でもなんでもありません。

特にこのケースのように、共働きなのにどちらか一方だけが負担するというアンバランスな状態は、遅かれ早かれ必ず破綻します。

家計を本気で見直したいなら、奥さんにも家計にもっと協力してもらうように夫婦でしっかり話し合う必要があります。

夫婦別財布の項目でもお話ししましたが、夫婦で家計を共有し、「なんのためにお金を貯めるのか」という目的意識を持っていなければ、お金は永遠に貯められません。

もうひとつ、息子に優しすぎる50代後半の夫婦の事例をご紹介します。

夫婦には不動産収入が毎月50万円あり、月に20万円のアルバイトをしながらひとり暮らしをしている息子（36歳）のために、足りない生活費や住民税の支払いを援助してあげていました。

息子さんは週末になると実家に入り浸って生活雑貨を持ち帰ったりするため、5年間で夫妻の貯金は900万円から390万円に激減してしまいました。

「このままでは自分たちにとっても、息子にとってもよくない」と思った夫妻は、息子さんに思い切ってお金の話をしました。

その結果、息子さんは甘く考えていたことを猛省して、求職活動を始めたそうです。

息子さんへの援助金も月2万5000円だけにした結果、月々約9万円も出費を削減することに成功し、貯金の目減りも食い止めることができました。
この夫婦の場合は、我が子への過保護で優しすぎる愛情から、いい歳をした息子にいつまでも金銭的援助をし続けることで、「ダメ息子」をつくっていたのです。

お金のあるなしにかかわらず、家族を金銭的に甘やかしすぎると、結果的に家族も家計もダメにしてしまいます。
本当に愛情があるなら、お金の問題をはっきり伝えるほうが、相手のためになります。真の優しさとは、家計に無頓着な配偶者や子どもを増長させることではなく、相手に家計の厳しい現実を伝える勇気を持つことです。

POINT

- ○家族への愛情と甘やかしは別物。
- ○お金の問題は、はっきり相手に伝えてあげるのが本当の愛情。

ケース
16

孫かわいさで退職金が底をつく「老後プチバブル」の落とし穴

定年を迎えて退職金がまとまって入ると、ついつい気持ちが大きくなって「老後プチバブル」感覚に陥り、子どもや孫にお金をあげすぎて、老後破綻の危機に陥るケースがあります。

この失敗パターンを、老後の「あげすぎ貧乏」と呼んでいます。

ある夫婦は、定年と同時に退職金が入り、さらに両親からの遺産相続も重なって、合計５７００万円もの大金が口座に振り込まれ、すっかり舞い上がってしまいました。

人は、今まで手にしたことのない金額が口座に振り込まれると、金銭感覚が狂ってしまうことがよくあります。

宝くじで巨額の賞金が当たった人も、突然のあぶく銭に狂喜して分不相応なぜいたくをしまくり、最終的にお金が手もとに残らないというケースが多いそうです。

この夫婦の場合も太っ腹になり、贈与税がかからない教育資金贈与非課税制度（注）を利用して、3人の孫たちに700万円ずつ気前よくプレゼントしました。

それでも「まだ手もとには3600万円も残るし、年金もあるから老後は安泰」と考えた夫妻は、年金が毎月25万円なのに対して、生活費に毎月約35万円もかけ、不足分は残った3600万円から少しずつ補てんしていました。

注：祖父母や父母などが、30歳未満の子や孫に教育資金をまとめて贈与しても、贈与税がかからない制度。上限は子や孫ひとりにつき1500万円まで。教育以外に使われると、贈与税が発生する。

やがて、貯金が毎月10万円ずつ目減りしていく中、夫妻は「この残高では、20年以内に老後破綻する！」と気付いて青ざめました。

慌てて、孫に「悪いけど、あのお金をやっぱり返してもらえないか……」と頼みましたが、教育資金の名目で非課税で贈与している事情もあり、返してもらうことは不可能でした。

結局、食費やタクシー代などのムダ遣いを削減することで、生活費を年金の中で収めるようにして、貯金にはできる限り手を付けないようにすることで、老後破綻の危機を回避することができました。

ほかにも、親の遺産相続として1500万円が突然入り、すっかり舞い上がった若い夫婦が、新婚旅行気分で世界中を旅して回り、わずか1年で1000万円の遺産を一気に使ってしまった事例もあります。

もちろん、なんでもかんでも切り詰めればいいわけではなく、得難い体験をすることも人生を豊かにするでしょう。

しかし、多くの場合、人生であまり手にしたことのない大金を労せずに突然得ると、バブル感覚に陥ってしまい、「あのときムダ遣いしたお金がここにあれば……」と後悔するケースがほとんどです。

何ごとも過ぎたるは及ばざるがごとしです。

老後のライフプランを見据え、無計画なあげすぎや、大切な老後資金を切り崩すようなムダ遣いは控えましょう。

POINT

○退職金や遺産相続などまとまったお金が入っても浮かれず、老後のライフプランを冷静にシミュレーションしよう。
○生活費はできるだけ年金内でやりくりすることが老後破綻の危機回避に必須。

3章

「メタボ家計」を立て直す！
失敗からのリセット術

身の回りのモノを3つに分類して浪費グセをリセット

知らず知らずのうちに犯してしまっている、小さなお金の失敗。

1章でお話しした通り、モノは「お金が姿を変えた状態」です。

自分の身の回りのモノをひとつひとつチェックすると、「なぜお金を貯められないのか」「自分のお金の失敗がどこにあるか」がだんだん見えてきます。

時間があるときに、自分の身の回りのモノを、改めてじっくり見てください。

リビング、キッチン、ベッドルーム、バスルームなど各部屋ごとに、クローゼットの中身などもデジカメやスマホで撮影して、見直してみてください。

今の自分にとって、それは「本当に必要なモノ」ですか？

「必要だけど、なくても困らないモノ」ですか？

それとも「不要なモノ」ですか？


身の回りにあるモノを、3つに分類してみましょう。

ひとつひとつのモノとリアルに向き合うことで、それまで漠然としか見えていなかったモノと自分の関係性が見えてきます。


「今は必要ないけど、昔は愛用していたから捨て難いなぁ」

「今は必要ないけど、この先使うことがあるかもしれないし」

そうした言い訳に引きずられないようにして、今の自分にとって必要か否かをシビアに見極めましょう。

そうすると、「いかに自分の身の回りには不要なモノが多いか」ということが改めて認識できるはずです。

繰り返しますが「モノ＝お金」です。不要なモノを思い切って捨てるとき、お金を捨てるような「痛み」を覚えるはずです。

この痛みを忘れないようにして、必要なモノ以外はきっぱり買わない決意をすることで、浪費を防ぐことができます。

固定費を見直して「スリム家計」に大変身

家計が赤字だったり、収入があるのに貯金ができなかったりする人は、貯まる家計にするために、まず「固定費」を見直しましょう。

固定費は、「住居費」「生命保険料」「通信費」など、毎月一定の金額を支払う費目です。

「固定費だから、このぐらいかかるのはしかたがない」と見直さないのはただの思考停止。お金が貯まらない失敗ポイントのひとつです。

水道光熱費などをコツコツ節約するより、固定費を見直すほうが効果が出るのが早いといえます。

「食費」や「日用品費」「被服費」「交際費」などは、気持ちひとつで切り詰めることができます。

逆に気がゆるむと、手取りが月20万円ほどなのに、被服費に月10万円ぐらいかけてしまうケースがあるなど、歯止めが利かずに使ってしまったりする危険性があります。

しかし、**固定費の場合は一度見直せばその効果が長持ちしますし、削減効果も安定している**ので、一番の見直しポイントになるといえます。


固定費を思い切って削減した家庭の事例をご紹介します。

ある40代後半の共働き夫婦は、収入が合わせて月に60万円以上ありますが、小学生から高校生まで、3人のお子さんの教育費に月15万円以上をかけていました。

お子さんを私立の中高一貫校に通わせていたので、家計がピンチだからといって転校させるわけにもいかず、また受験生の子もいるので塾代なども削れませんでした。

教育費を絶対に削れないとなると、それ以外の固定費を見直すしかありません。

そのご夫婦は悩みに悩んだ末、思い切って自家用車を手放して、車にかかる固定費を削減するという選択をしました。

自動車を売り、原付バイクを購入。移動には自転車やその原付バイクを利用することにして、自動車保険や車検、自動車税などの支出が一気に削減されました。

「教育費は譲れない」とか「住居費は動かせない」といった、どうしても下げられない費目がある場合、視点をガラッと変えて、こうした形で固定費を見直すこともできるのです。

また、固定費の中でも、住宅ローンは簡単に金額の変更をすることはできません。ですが、金利が今のローンより0・5％以上安く、返済期間が10年以上残っている、あるいは借入額が1000万円以上残っている、という人は、借り換えで節約できることがあります。

一方、「人生の中で住宅の次に高額な買いもの」といわれる生命保険は、ライフステージに合わせて見直しを図ると、料金を大きく削減できます。

2章の「保険貧乏」の落とし穴（89ページ）の項目でもお話ししましたが、家を購入して住宅ローンを組んだときと、子どもが独立したときは、保険の見直しをする2大チャンスです。

保険料の目安としては、現在支払っている生命保険料が手取りの10%を超えている人は、保険料をかけすぎているといえます。手取りの5%以内にとどめるのが理想的です。

財布を工夫すれば1週間1万円でもやりくりできる

日常生活の中で、お財布を開ける頻度が高いのは、主に食品や日用品を購入するときですよね。

普段から食費や日用品費がかかってしまうという人は、財布を利用して出費を引き締めることができます。

やり方は簡単です。

毎週、月曜日なら月曜日と決まった曜日に、1週間の食費と日用品費の予算を財布に入れて、そのお金だけで1週間やりくりをするのです。

もし週の前半に多めに使ってしまっても、お金を財布に追加してはいけません。

必ず残ったお金の中でやりくりをするというルールを守ります。

1週間後、決まった曜日に再び同じ金額を追加します。

もし1週間後にお金が余っていたら、貯金したり、自分へのごほうびにおやつを買ったりして、余らせることに対してモチベーションを高めます。

万が一、1週間以内に使いすぎて財布の中のお金がどうしても足りなくなってしまったら、翌週分から前借りして補てんし、翌週はその分を引いた金額を財布に追加します。

「月曜に1万円入れたら、たいてい金曜には5000円ほど残っているのに、今週は金曜にたった1000円しか残っていない」

最初はそんな風にお金を使うペースが変則的になりがちですが、お金を使うスピードが把握しやすくなり、コントロールできるようになってきます。一定周期で同じ金額のやりくりを繰り返しているうちに、お金を使うペースがつかめてきます。

それによって支出のペースも安定してきます。

財布に入れる予算は、あまり少なすぎるとカツカツになって続けられなくなりますし、多すぎるとムダ遣いにつながるので、食費や日用品費を引き締めることができません。

予算を決めるときは、まずは4週間分の食費と日用品費の支出を記録し、その合計を4等分して、1週間分の平均的な支出を割り出します。その金額を財布に入れる予算の目安にしましょう。

これを毎週続けていくと、食費や日用品費を予算内に確実に収められるので、メタボ家計の引き締めに役立ちます。

月あと5000円は削れる最後の水道光熱費コストダウン術

水道光熱費は、大きな削減はしにくいですが、月々500円でも1000円でも削っていくと、年単位で見たとき数万円の削減が可能です。

たとえば、電気はこまめな節電も大切ですが、契約アンペアを下げると節約効果があります。また、電球を節電タイプのものに替えることも効果があります。

水道は出しっぱなしにしないようにしたり、節水効果のあるシャワーヘッドに交換したりすると、使用量も減るのでガス代も下がるという相乗効果が期待できます。

また、支払いを口座振替にしたり、年払いにしたり、紙の請求書からウェブ請求に変えると割引になるといったサービスもあるので、契約状況を確認してみましょう。

あるメタボ家計の家庭では、6人家族で月に電気代約1万2000円、ガス代約1万5000円、水道代約1万円と、水道光熱費が高めなのが気になりました。

特にガス代と水道代が高い印象で、それぞれあと1000～2000円下げられてもよさそうなのに、「まぁ、電気代やガス代や水道代って、このぐらいは普通かかるものなのかな」と、楽観的に思っていたのです。

明らかにムダが多いのに、それが当たり前の感覚になっていると、削れるものも削れません。

水道光熱費がかかりすぎていることを指摘して、よく使う部屋の電球をLE

Dにし、節水シャワーヘッドに替え、なおかつシャワー浴のときは流しっぱなしにしないことを意識してもらうと、水道代と電気代が月に各約1000円、ガス代が月に約3000円節約でき、水道光熱費を合計約5000円削減できました。

家族みんなでやる気になって節約すれば、大きな削減にはならなくても、年間で約6万円のコストダウンになります。

もちろん、暑いのに冷房を入れずに我慢して熱中症になってしまったり、寒いのに暖房せずに風邪をひいて医療費がかさんでしまったり……なんてことになれば意味がありません。

ただ、こうした細かな節約意識があると、ほかの食費や日用品費など、家計全般に引き締めの意識が働くようになります。

6台使っても1万円未満 格安SIMは携帯代カットの切り札

「携帯電話は仕事でも使うから、通信費は簡単に削れない」
「家族みんなの携帯代とかあれこれ引き落としにしているから、全部でいくらかかっているかよくわからない」

そんな風に、毎月の通信費について深く考えることなく、知らずにお金の失敗をしている人が世の中には大勢います。

確かに、通信費には、固定電話や携帯電話、スマホ、インターネットプロバイダー料金などいろいろあり、どれも日常的に利用するものなので、単純にバッサリとは切れないと思われがちです。

しかし、自宅に固定電話があり、インターネット環境も整っているのに、携帯電話のパケット代が相当かかっている状態だとしたら、明らかにお金のムダです。携帯電話のサービス内容を見直して、もっとムダを削減できます。

携帯電話の通信費を大幅にコストダウンするなら、格安ＳＩＭに切り替えることをおすすめします。

格安ＳＩＭとは、大手キャリアよりも低価格の通信サービスです。

通常のスマホよりもサービスが制限されるような印象を持たれがちですが、動画を見たりゲームを頻繁にしたりしない限り、大きな違いはありません。

従来の方法に固執しなくても、通話やインターネットができます。

格安ＳＩＭは契約のしかたによって金額も変わりますが、たとえばインターネットだけなら基本料金３００円ほどからあります。

利用料金の安さに加え、期間の縛りがあまりないことが魅力です。データ通信だけならいつでも解約可能ですし、電話機能付きの場合でも、期間の縛りは

1年ほどです。

ちなみに、私も格安ＳＩＭを利用しているので、携帯代は月々２２００円ほどです。

私の会社の社員も全員、格安ＳＩＭを利用していますし、家族**6人で6台の格安ＳＩＭを使っていますが、料金は全部合わせて1万円未満**です。

大手キャリアのスマホだと月々７０００円近くかかりますが、格安ＳＩＭにすることで、家族の通信費を大幅に下げることができるのです。

ひとり暮らしの場合は、固定電話を引かないで携帯電話のみにして、通信費を削減する方法もあります。

今はＬＩＮＥやメッセンジャー、スカイプなど、無料通話のできるアプリもあるので、できるだけ通信費をかけないように工夫しましょう。

コストダウンできた分を貯金に回すようにすると、年単位で見たとき、数万円の貯金を上乗せできます。

節税もできて特産品ももらえる「ふるさと納税」の得する極意

「ふるさと納税」を利用すると、サラリーマンの方は住民税が、自営業などで確定申告をする方は所得税と住民税が安くなります。

ふるさと納税は、地方自治体への寄附を通じて、地域創生に参加できる制度のことです。

出身地に限らず、好きな地方や応援したい地域など、自分で選んだ自治体に寄附金を贈ることができ、お礼品としてその土地の特産品や名産品がもらえます。

ふるさと納税を行った場合、寄附額のうち2000円を超える部分について、原則として全額が所得税や住民税から控除されます。

ただし、控除額には上限があるので、それを超えた場合は自己負担になります。たとえば寄附上限が3万円で、上限いっぱいのふるさと納税をした場合、控除される額は2万8000円になります。同じ上限額の人が3万1000円のふるさと納税をしたら、控除は2万8000円のままで、自己負担が3000円になるということです。

総務省のホームページに、全額控除されるふるさと納税額（年間上限）の目安が掲載されているので参考にしてください。

(http://www.soumu.go.jp/main_sosiki/jichi_zeisei/czaisei/czaisei_seido/furusato/mechanism/deduction.html#block02)

サラリーマンの方はワンストップ特例制度が利用できます。

これは、5自治体以内への寄附については、確定申告で寄附控除を受けなくても、自動的に住民税から減額しますよという形で控除が行われる制度です。

寄附を申し込み、受領証がきたら、同封されている申告特例の申請書と、マイナンバーを記入する用紙を返送すると、手続きは終了です。
寄附をした自治体が6つ以上になると使えないので注意してください。

「iDeCo」は最強の老後資金確保術

「年金や退職金だけでは老後の生活費が心細い……」

そんな人には節税をしながら、老後のためのお金もしっかり貯められる「確定拠出年金」がおすすめです。

確定拠出年金には企業型と個人型がありますが、今注目されているのは個人型確定拠出年金「iDeCo（イデコ）」です。

iDeCoは投資信託を組み合わせ、積み立てて運用して自分の年金を自分でつくる「私的年金制度」です。商品には投資信託のほか、定期預金や保険商品もあります。

今までは自営業者や企業年金のない会社員しか加入できませんでしたが、2

017年からは公務員や主婦も加入できるようになりました。

毎月一定の額を積み立てていく形なので、老後資金がなかなか貯められない人にはおすすめの制度といえます。

iDeCoに加入すると、税制面で優遇されるというメリットがあります。

まず、お金を掛ける（拠出する）ときに、自分の所得税率に応じた所得税分と、一律10％の住民税分が掛金に応じて引かれます。

つまり、最低でも年間の掛金額から所得税5％＋住民税10％の計15％分の税金が安くなるのです。

運用のしかたによっては掛金より受け取る額が減る可能性がありますが、運用益が出たときにかかる税金（利益の20％＋復興特別所得税）が免除されます。

さらに、一時金で受け取るときは退職所得控除が、年金式で受け取るときは公的年金等控除が受けられます。

iDeCoを始めるには、iDeCoの取り扱いのある銀行や証券会社などの運営管理機関で口座を開設します。インターネット取引専門の証券会社なら、必要書類を郵送するだけで手続きが完了します。いずれの運営管理機関でも、申し込んでから2～3カ月後には積み立て・運用を始められます。

口座開設の手数料がお得になるキャンペーンをしている運営管理機関もあります。

運営管理機関によって、取り扱っている商品のラインナップや、口座管理手数料、信託報酬などが異なりますが、投資の初心者は、手数料が安いところを選ぶのがおすすめです。

口座を開いたら次は商品選びです。

「貯蓄ゼロだけど、投資はしたい」のなら貯蓄をしながら併走して投資をするのがおすすめです。貯蓄をせず、全額投資に回すのはNGですが、30代以下なら長期投資できるので、「株式5割：債券5割」程度の割合でもかまいません。40～50代は貯蓄に回す割合を5割以上にし、それ以外を積み立て、運用しましょう。

「貯蓄はあるけれど、損はしたくない」のならまず少額から投資を始めて経験を積みましょう。「株式3割：債券7割」など、債券が多めの配分でリスクを少なくするのがおすすめです。iDeCoだけに限らず、NISAなどを活用してもいいでしょう。

「iDeCoの掛金を住宅ローンの頭金に使える？」

「iDeCoの掛金を教育資金に運用できる？」

そんな風に考える人も多いと思いますが、残念ながら**iDeCoは60歳まで掛金を引き出せません**。

また、毎月の家計が赤字の人はiDeCoを始めると、毎月支払う固定費が増えて家計を圧迫する場合もあります。

iDeCoのメリットを生かすためには、まず掛金を払っても問題がない家計をつくるのが大前提であることを忘れないようにしましょう。

浪費撲滅の近道は「徐々に」より「一気に」

「頭ではダメだってわかっているんだけど、つい……」

浪費グセのある人は、お金を湯水のようにムダ遣いすると、借金して返済が大変になったり、生活が苦しくなるとわかっていても、どうしてもやめられません。

ある相談者の男性は、キャバクラ通いで毎月15万円近い金額を浪費し、250万円ほどの借金を抱えていました。

キャバクラに行くたびに、2万〜3万円の支払いをクレジットカードでしていくうちに、チリも積もってそんな金額に膨らんでしまったのです。

その男性には、クレジットカードを持たず、お酒を飲みに行くのも1カ月間やめてみてはどうかと提案してみました。

はじめは辛かったようですが、男性は私が見守っていることを支えにそれに取り組みました。そして借金をなんとかしたいという思いから自分を抑え、達成することができました。

そもそも物理的に持たない、行かないという形で、一種の「断食」をしたことで、それまでの無謀な浪費をピタッとやめることができたのです。

それまで、毎月のキャバクラ通いで借金が雪だるま式に増えていましたが、浪費をやめた翌月には、給料から4万5000円を貯金することができました。固い意志を持てたことも、成功につながりました。

250万円の借金と比較するとわずかな前進かもしれませんが、マイナスをプラスに転じることができただけでも大きな自信がつきます。

「なくても別に問題はない」
「もう行かなくても大丈夫」
そう実感できると、それまでの執着から解放されます。

浪費グセのある人は、「今の自分に必要か？」と立ち止まることができず、自分の欲望に流されがちです。そのため、「予算の上限を決めましょう」とか、「飲みに行くのは隔週にしましょう」などといった生ぬるいやり方では、なかなか改善しません。

チョロチョロ水をかけるのではなく、バケツの冷水を頭からザバッとかけるように、一気に全部やめるという一種のショック療法によって、浪費グセをバッサリ断ち切ることで、生活のリズムをリセットすることができます。

お金の大切さをいやというほど思い知ると、自分の悪習を変える大きなきっかけになります。

4章

貯めて増やす「攻め」のルール

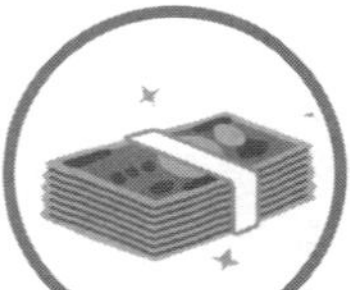

その支出は、消費？ 浪費？ 投資？

「貯金するためにもっと節約をしなければ」と思っている人は、とかく自分がどれだけ使ったかという支出の金額にばかり目が行きがちです。

けれど、本当に大切なのは、使った金額ではなく、「自分がお金をどう使ったか」という意識です。

お金を貯めて、上手に増やすためには、まずお金の使い方に対する意識を変えなければなりません。

「消《ショー》・浪《ロー》・投《トー》」は、お金の使い方や意識を変えるのに最適な家計管理法です。

「消・浪・投」の分け方は次の通りです。

●消＝消費
生活するうえで必要なお金。
（食費、水道光熱費、日用品費、教育費、医療費、交通費、お小遣いなど）

●浪＝浪費
「必要」ではなく「欲しい」と思って購入したもの。ムダ遣い。
（お酒やたばこなどの嗜好品、ギャンブルなど）

●投＝投資
スキルアップや将来の収入につながるもの。
（貯金、資産運用、学ぶためのお金、資格試験代など）

この3つの視点で支出をとらえてみるだけで、お金を意識して使うようになります。

食費や光熱費など、費目ごとに細かく分ける必要はありません。

支出を「消・浪・投」に分けて集計するだけでかまいません。

自分のお金の使い方のパターンを把握できるようになると、何か買おうと思ったとき、「これは本当に必要なものだろうか？」と、立ち止まって考えるようになります。

「友人との飲み会は浪費だな」

「このパーティーは、仕事のための投資だな」

そんな風に、3つの分類は「自分がどう感じるか」が基準となります。

同じ飲み会でも、遊びだと思えば「浪費」に、将来役に立つ人脈づくりだと思えば「投資」と考えます。

後から考えて「あの飲み会は、結局ただの浪費だったな」と思えば、「投資」から「浪費」に変更してもかまいません。

もちろん、「浪費」も息抜きのために多少は必要です。

ただ、「浪費」というとどこか後ろめたい気持ちになるため「消費」や「投資」に振り分けてしまう人がよくいます。

そうすると、本当は「浪費」なのに見えなくなってしまい、「隠れ浪費」が増えてしまうので注意しましょう。

洋服、化粧品、エステなどは、場合によっては「自己投資」ともいえます。

ただ、収入に見合わない過度の「投資」は、「浪費」につながります。

「投資」と考えて使っているお金について、「これは自分にとって本当に『投資』なのか？」ということを常に突き詰めて考えるクセをつけましょう。「消費」についても同様に考えます。

判断に迷うことは、悪いことではありません。迷いながら、自分のお金の使い方を振り返ることに大きな意義があります。

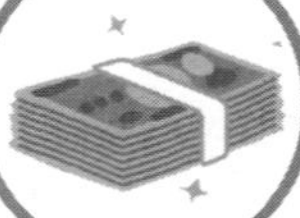

家計の「理想体型」は消費70％、浪費5％、投資25％

「消・浪・投」の管理のしかたは、とてもシンプルです。

まずレシートや領収書を、「消・浪・投」の3つに分けましょう。

色分けした箱や袋に入れたり、家計簿の支出の横に「消」「浪」「投」と書いたりしてもいいです。

1カ月ごとに集計していくと、自分がどんなお金の使い方をしているかが明確にわかります。

これを習慣化すると、お金の使い方に対する「自分軸」ができます。

「これは今の自分に必要」「これはそんなに必要ではない」ということがきちんと判断できるようになります。

「消・浪・投」の理想の支出割合は、年収によって異なりますが、**消費70％、浪費5％、投資25％**です。

「消・浪・投」の各項目を、その月の収入で割ると、収入に対する「消・浪・投」の支出のパーセンテージを算出できます。

たとえば、月収20万円のAさんの支出を消費・浪費・投資に分けると、次のようになります。

消費：16万2０００円　浪費：2万4０００円　投資：1万4０００円

月収に占める割合の計算

・消費：16万2０００円÷20万円＝81％

・浪費：2万4０００円÷20万円＝12％

・投資：1万4０００円÷20万円＝7％

自分の支出を理想の割合に近づけることで、「ムダ遣い」が減って、「貯金体質」に変わっていきます。

「そんなにお金を使っていないのにお金が貯まらない」という人は、この方法でムダ遣いを減らしていきましょう。

人生に3回やってくるモテ期ならぬ「タメ期」を逃すな

「今は貯金できないけど、いつかできる」

そう思って、貯められないまま歳をとっていくと、永遠に貯金ゼロのままです。

貯金はいつでもできると思ったら大間違いです。

お金を貯めようと思って貯める努力をしないと、どんなにお金があっても貯まりません。

お金を貯める際、「モテ期」ならぬ「タメ期」があります。

まず1回目のタメ期は、二馬力で稼げる共働きのときです。子どもができると、当然お金がかかるので、このときほど貯められなくなります。

2回目のタメ期は、子どもが小学生のとき。まだ積極的に塾に行ったり、仕送りをしたりしなくていい、教育費が比較的かからない時期です。

3回目のタメ期は、子どもが独立して結婚したとき。そのころには50代以上になっているのではないかと思います。

3回あるタメ期のうち、最も貯金するのにいいのが、1回目のタメ期です。**夫婦が二馬力で働いていて、子どもにもお金がかからない時期は、人生で最も貯めるのに適した時期**なのです。

若くて子どもがいないときはいろいろ楽しみも多いので、お金に余裕があるとつい好きに使ってしまいがちですが、このときから貯金をコツコツ始めていいスタートダッシュを切れると、その後の人生にとって有益です。

1回目のタメ期のチャンスに、「これからいつでも貯められる」と安易に考えないことが大切です。

子どもの人数や生まれるタイミングにもよりますが、子どもが2人、3人といる場合は、2回目のタメ期はないかもしれません。

3回目のタメ期は、子どもにお金はかからなくなるけれど、役職定年もありますし、老後がすぐ目の前です。老後プチバブルに浮かれず、退職金をうまく貯めて増やす方向に運用しましょう。

「生活防衛資金」は月収×6カ月分を目指す

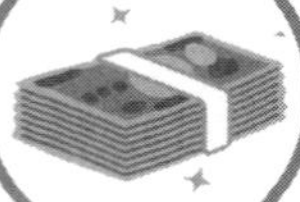

モノが多くて散らかっているとお金が貯まらないという話をしましたが、銀行口座もたくさんあると管理しきれないので、結果的に多くのムダが生じます。

おすすめなのは、次の3つに分ける方法です。

1　家計用の「使う」口座
2　貯金用の「貯める」口座
3　投資用の「増やす」口座

「使う」口座は毎月の生活費や冠婚葬祭をはじめとした特別支出に対応する口

座で、手取り月収の1・5カ月分を準備します。

「貯める」口座は、いわゆる「生活防衛資金」の口座で、最低でも手取り月収の6カ月分を入れておくのが理想です。生活防衛資金のほか、教育費やマイカー購入費なども必要な場合は、この6カ月分とは別に準備します。職を失ったとか、病気をして収入がなくなったなど、万が一の事態に備えるものなので、事情がない限り使ってはいけないお金です。

多くの人はこの6カ月分+別建てで必要な資金を貯めることに苦労されるのですが、上手に貯蓄を進めるコツがあります。手取り月収の6分の1をコツコツ貯めていくのです。大変なときもあるでしょうが、毎月ねん出できるよう努力してみてください。こうして3年継続すると、手取り月収の6カ月分が貯まるのです。ゆとりのあるときには6分の1以上貯蓄することで、ほかに必要な資金も貯まっていくでしょう。

たとえば、手取り月収30万円（ボーナス支給なし）で、手取り年収が360万円になる人の場合、毎月の理想的な貯蓄額は6分の1の5万円。5万円を3年、つまり36カ月貯め続けると、貯蓄額は180万円になるのです。このほかに余剰が大きく出る月があったら、それを貯めていけば生活防衛資金以外も貯まります。ボーナスがある方だと、もっと貯めていけるでしょう。生活防衛資金以外の資金は貯まるスピードが十分ではないかもしれませんが、少しずつ必要額に近づくことができます。

そうしてここまで貯蓄ができたら「増やす」口座に移ります。これはいわゆる金融投資をしても構わない、ゆとりのある資金という位置づけです。

投資については知識を持って、貯蓄も十分してから始めていただくのが理想なのですが、この「増やす」口座に辿りつくのが困難で、なかなか始められないという人が非常に多くいます。ですから最近は、iDeCoの項目でお話ししたことと重複しますが、「貯蓄と投資の併走」をすることもよいと考えています。今は超低金利の時代ですので、リスクの少ない投資で運用益を得たほうが、お金の増え方がよい場合が多くなっているのです。

この併走する投資はリスクを分散し、長期運用するものが好ましいです。現金の貯蓄をしながら、少額で積立投資信託を始めるというのも、お金の貯め方としてはよいでしょう。

しつこいようですが、投資についてしっかり基本を押さえたうえで取り掛かることをお忘れなく。

「投資＝大借金のもと」は思い込み

「投資は怖い！　大借金のもとになる！」
「元本割れして、大切な老後資金を失うのでは？」

そんな風に思っている人がよくいます。

しかし、投資は決して怖くありません。

投資の初心者でも、月々３０００円程度からの投資でお金をムリなく増やせます。投資を始めるだけなら、１００円から投資できる証券会社もあります。

投資については多少勉強する必要がありますが、知識が完全である必要はありません。必要な部分だけ学んでいき、ゆっくりと学びを広げていきましょう。

食わず嫌いでただ怖がるのではなく、まず少額から始めてみることをおすすめします。

ただ、貯金をしていてもなかなか貯まらないから、貯金をやめて投資に賭けるという考え方はNGです。

あくまでも、家計の支出を抑え、貯金をコツコツしながら、投資も同時に行うことで、堅実にお金を増やしていくことができます。

投資で失敗しやすい人は、こんなタイプの人です。

- プロのすすめに安易に飛びついてしまう人
- 見栄っ張りで知ったかぶりをする人
- ハイリスク&ハイリターンな商品ばかり狙う人
- ヤマを張って、先を見越しすぎる人

・貯金をバカにして投資につぎ込む人

ある40代の夫婦は、夫が家計から毎月10万円を投資信託に使っていたため、貯金ができていませんでした。

「貯金なんて、お金が貯まるまでに時間がかかる。手っ取り早く投資信託で儲けたほうがいいに決まっている」

彼はそう信じ込んでいましたが、貯める口座にお金がないまま増やす方向に行くと、万が一お金が必要な状況に陥った場合、お金が準備できなくて困ることになります。

この男性には、それまで投資に使っていた10万円の6〜7割を貯金に回し、残りを投資に使う形に変えるようアドバイスしたところ、月に6万〜7万円ずつ貯金を増やしながら、ムリのない範囲で投資を行うようになりました。

適切な投資信託を持っていれば、利益が出た分を再投資に回すことで、「複利」の効果で利益を効率よく増やしていくことができます。

普通預金の口座に貯金を寝かしていても、金利が低いためにほとんど増えませんが、投資の複利効果を利用すると、5年、10年と長く持っているほど、元本も利子も増えていくので有利です。

正しい投資をすれば、多くの場合は勝てるのです。

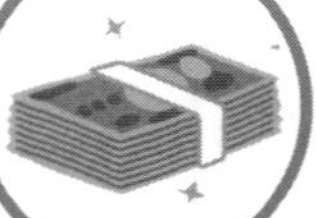

ネット証券で月々100円から積み立てにトライ

投資を始める際には、証券口座を開設する必要があります。

口座を開設するには、自宅からインターネットを通じて、口座開設の申し込みができるインターネット証券会社を利用するのがおすすめです。

大手証券よりも手数料が安く、扱う金融商品の種類も豊富ですし、金融商品の売買も、インターネット上で簡単にできます。

今では、月々100円からとか、500円からとかで積み立てができる会社もあるので、少額から投資にチャレンジしてみたい人も始めやすくなりました。

インターネット証券の中でも、次の4つは信頼性も高く、手数料も安く、品ぞろえも多いのでおすすめです。

・SBI証券
・楽天証券
・マネックス証券
・カブドットコム証券

口座を開設するインターネット証券会社を選んだら、いよいよ口座開設です。口座開設にあたって、本人確認書類として、免許証やパスポートなどの提出とともに、マイナンバーの登録も必要になります。

口座開設の際、「特定口座」と「一般口座」のいずれかを選べますが、「特定口座」を選択しましょう。

そうすると、証券会社が年間取引報告書を作成してくれるので、確定申告で必要になった際に、自分で作成する手間が省けます。

「源泉徴収あり」と「源泉徴収なし」の選択は、「源泉徴収なし」を選びましょう。

初心者のうちは、おそらく投資の利益は20万円未満だと思います。株取引の利益にかかる税金は一律で利益の20%と決まっていますが、年間の運用益が20万円以下の場合は確定申告の必要がないので、税金を払う必要はありません。しかし「源泉徴収あり」を選ぶと利益の20%の税金が自動的に徴収されてしまいます。証券会社が確定申告してくれる「源泉徴収あり」のほうが便利だと思われるかもしれませんが、最初は「源泉徴収なし」を選ぶほうが得策です。

このほか、名前、住所、生年月日などの基本情報を入力したら、IDとパスワードが発行されて、申し込み手続きは完了します。

さあ、これで登録したインターネット証券のWEBサイトにログインすれば、投資デビューできます！

「株式や債券、外貨預金……どれを選べばいいの？」

たくさんの金融商品があって、いきなり迷ってしまうかもしれませんが、家計に負担をかけず、ムリなく資産を増やす３０００円程度の投資の場合は、「バランス型投資信託」を選ぶのがおすすめです。

バランス型投資信託とは、日本国内外の株や債券が組み込まれた商品です。これを保有しているだけで、国内外の複数の投資金融商品に投資できるので、リスク分散もできて安全です。

年に一度は必要な各金融商品の配分割合の調整なども、プロのファンドマネジャーが代行してくれるので、国内株、外国債券など個別に投資するよりやや手数料は高めですが、初心者にはもってこいといえます。

バランス型投資信託の中でも私が特におすすめするのは、比較的手数料も安く、世界中の株式と債券に投資できる「世界経済インデックスファンド」です。

まずは、手間がかからずリスクの低い投資信託を選ぶことで、少しずつ投資生活に慣れていきましょう。

あとがき

お金が貯まる人は「生き上手」

お金の迷子は、人生の迷子――主人公はお金ではなく、自分！

「人生の迷子」になっている人がたくさんいる――

大勢の方からお金の相談を受けていると、よくそう感じます。

お金と真剣に向き合ってこないと、人生にたくさんの迷いが生じます。

「どうやってお金を貯めればいいのだろう？」

「なんで借金ができてしまったのだろう？」

「老後資金はどうしたらいいのだろう？」

生きていくうえで、お金の問題は避けては通れず、お金の悩みはつきものです。

しかし、**人生の主人公はお金ではなく、あくまでも「自分」**です。

お金のために人生を振り回されたり、人生を棒に振ったりするのは本末転倒です。

お金を使う、お金を貯める、お金を増やす――自分の大切なお金を動かすのは、自分です。

自分自身の軸がブレていると、お金の使い方もブレます。

お金の使い方がブレると、お金をムダにしてしまい、貯めたり増やしたりできなくなります。

「みんなこのぐらいぜいたくをしているから、ウチも少しぐらい、いいだろう」

「みんなコレを持っているから、私も欲しい」

「あの人がやっているから、自分もやろう」

ものごとを自分の軸で考えられないと、自分にとって何が必要なのかわからなくなり、「迷子」になってしまうのです。

周りに流されるだけになっているのかもしれません。

自分の軸をしっかり持てるようになると、自分のお金を大切に考え、たとえ500円でもムダにせず、有効に活用できるようになります。

自分の「絶対」を疑う勇気——もっと生き上手になろう！

自分を大切にするということは、自分の考えにかたくなに固執するということではありません。

人生をよりよくするために、ときには自分の「絶対」を疑いましょう。

「コレだけは絶対に譲れません！」

「これ以上、削るのは絶対にムリです！」

その「絶対」を疑うことで、見落としていた大切なことに気付くことができます。

どうしても譲れないものがあるなら、それを守るためにどうするべきか、真剣に向き合いましょう。

最終的に決めるのは、他人ではなく自分自身です。

「自分はここにお金をかけたいから、これを思い切ってやめよう」

そうやって自分のルールができてくると、あまり迷わなくなります。

なんでも安上がりにしたり、無料に飛びついたりするのは失敗のもとです。

なんでもケチケチ節約するのではなく、メリハリをつけて自己投資に回せば、人生は一段と有意義なものになります。

老後のことを心配してガチガチに計画しすぎても、何もかも自分の計画通りにいくわけではありません。

お金を貯めるということは、自分を育てるということです。

お金と上手に付き合える人は、自分を育てるのも上手なので生き上手です。

もっと生き上手になりましょう。

2017年秋

家計再生コンサルタント　横山　光昭

〈著者プロフィール〉
横山光昭（よこやま・みつあき）
家計再生コンサルタント。株式会社マイエフピー代表取締役。これまで1万人以上の赤字家計を再生してきた庶民派ファイナンシャルプランナー。『はじめての人のための3000円投資生活』（アスコム）、『年収200万円からの貯金生活宣言』（ディスカヴァー・トゥエンティワン）、『貯められる人は、超シンプル』（大和書房）など、家計再生、投資関連の著書の累計発行部数は261万部以上。日本経済新聞電子版での連載など、各種メディアでの執筆、講演も多数。ホームページ http://www.myfp.jp/

1日500円の小さな習慣
「隠れ貧乏」から「貯蓄体質」へ大変身！

2017年11月10日　第1刷発行

著　者　横山光昭
発行人　見城 徹
編集人　福島広司

GENTOSHA

発行所　株式会社 幻冬舎
〒151-0051　東京都渋谷区千駄ヶ谷4-9-7
電話　03(5411)6211(編集)
03(5411)6222(営業)
振替　00120-8-767643
印刷・製本所　株式会社 光邦

検印廃止

ISBN978-4-344-03208-8　C0095
幻冬舎ホームページアドレス　http://www.gentosha.co.jp/

この本に関するご意見・ご感想をメールでお寄せいただく場合は、
comment@gentosha.co.jpまで。